今日から
安全衛生担当
シリーズ

衛生管理者
の仕事

福成雄三 著

目　次

はじめに・9
〈著者はこんな人〉・11

Ⅰ．衛生管理者としての仕事を始める

1．衛生管理に求められること・15
(1) 「衛生」という言葉の持つイメージ・15
(2) 衛生管理の目的を考える・16
(3) どこまでが担当範囲なのだろう・20
(4) 衛生管理はむずかしい・22

2．衛生管理者になったら・24
(1) 選任手続きをする・24
(2) チームを確認する・28
(3) 衛生管理者業務を確認する・30
(4) 秘密保持の責任がある・32
(5) リスクマネジメントも意識しよう・33
(6) 一つずつ対応していく・34
(7) 次のステップを思い描いて・35
(8) 評価される仕事をしよう・35

3．事業場内のコミュニケーション・38
(1) 組織の要を意識する・38
(2) 場を設ける・39
(3) 職場組織と連携する・41
(4) 技術・管理部門と連携する・42
(5) 情報を共有する・42
(6) 関係会社・協力会社と連携する・45

(7) 「協力が得られない」はずはない・46
　4．衛生管理関係者とのコミュニケーション・48
　　　(1) 安全衛生部門内で連携する・48
　　　(2) 医療専門家と取り組む・49
　　　(3) 作業主任者を支える・53
　　　(4) 社内・業界との関係を保つ・56

Ⅱ．衛生管理者としての仕事に取り組む

1．安全衛生委員会に臨む・59
　　　(1) 「安全衛生委員会」とする・59
　　　(2) 法令に沿って運用する・60
　　　(3) 委員を確認する・60
　　　(4) 付議事項を考える・62
　　　(5) 委員会を意義ある場にする・65
　　　(6) 委員会を補強する・66
2．安全衛生活動の企画・68
　　　(1) 企画の考え方・68
　　　(2) 職場活動としての取り組み・75
　　　(3) 安全活動等と一体で取り組む・79
　　　(4) 旗振り役を決める・80
3．安全衛生水準向上の視点・81
　　　(1) 安全衛生方針・81
　　　(2) マネジメントシステムとして取り組む・82
　　　(3) 規程・基準を整備する・86
　　　(4) データを活用する・89
4．職場状態の把握・91
　　　(1) 衛生管理者巡視の考え方・91
　　　(2) 現場確認の姿勢・92

(3)　現場確認の方法・94
　　(4)　物（状態）や場所などの確認・98
　　(5)　作業環境測定結果などの見方・99
　　(6)　職場活動の確認・103
　　(7)　いわゆる衛生面の状況把握・103
　　(8)　私傷病統計の活用・105
5．**健康診断とストレスチェック・106**
　　(1)　全体の中で位置付ける・106
　　(2)　健康診断の対象者・107
　　(3)　健康診断の項目・107
　　(4)　受診指導・109
　　(5)　健康診断を活かした保健指導等・111
　　(6)　就業上の措置と配慮・112
　　(7)　健康診断結果の解析・113
　　(8)　ストレスチェック・114
　　(9)　医師による面接指導・116
　　(10)　過負荷への対応・117
6．**健康保持増進の取り組み・119**
　　(1)　成果を見通す・119
　　(2)　取り組みの動機と方法・119
　　(3)　生活習慣へのアプローチ・124
　　(4)　健康管理の時間軸・126
7．**衛生教育の進め方・127**
　　(1)　教育の効果・127
　　(2)　受講者に対する動機付け・128
　　(3)　教育の手法と課題・130
　　(4)　実務での教育成果・131
　　(5)　教育効果の把握・133
　　(6)　テキスト等の準備・134

- (7) 受講側視点での教育体系・134
- (8) 企画者としての視点・135
- (9) 衛生関係教育の留意点・137
- (10) 法令で規定されている衛生教育・138
- (11) 講師へのチャレンジ・139
- (12) 効果のある啓発・139
- (13) 職場での日常的な指導・140

8．衛生管理業務の計画・142
- (1) 業務課題の整理・142
- (2) 年単位の職場活動計画をつくる・145
- (3) 月・週単位の業務計画・147

9．事故・労働災害発生時の対応・150
- (1) ケガや急性中毒等災害発生時の対応の基本・150
- (2) 一定期間の影響の積み重ねによる業務上疾病発生時の対応・152
- (3) 教訓を活かす・153
- (4) ヒヤリ・ハットなどを活かす・154

Ⅲ．衛生管理業務を充実させる

1．労働衛生管理のワンポイント・157
- (1) 機械安全の発想・157
- (2) リスクアセスメント・160
- (3) 明るさ、見やすさ・161
- (4) 暑さ（熱中症）・163
- (5) 化学物質の取り扱い・165
- (6) 急性毒性等のある化学物質・167
- (7) 経口毒性等のある化学物質・168
- (8) 経皮吸収毒性等のある化学物質・169
- (9) 粉じん（鉱物性粉じん等）・170

- (10) 酸素欠乏症等・170
- (11) 騒音・171
- (12) 振動工具・172
- (13) 局所排気装置、プッシュプル型換気装置、全体換気装置・173
- (14) 密閉設備、陽圧室・174
- (15) 保護具・174
- (16) 検知警報器・175
- (17) 人間工学の職場適用・176
- (18) 腰痛・178
- (19) VDT等・179
- (20) 放射性物質・電離放射線・179
- (21) 有害光線・レーザー・180
- (22) 作業空間・181
- (23) 快適職場・181
- (24) 許容濃度等・182
- (25) 労働基準法就業制限・182
- (26) ダイバーシティの視点・183
- (27) 健康管理手帳の交付と過去から引き継ぐ課題・185

2．健康管理のワンポイント・187

- (1) EBM・EBHC・187
- (2) ストレス／メンタルヘルス・188
- (3) 交代勤務・不規則勤務・190
- (4) 救急法・190
- (5) 治療と仕事の継続・191
- (6) 健康保険組合との連携・191
- (7) 休職と復職・192
- (8) 感染症対策・193
- (9) 産業医巡視・195
- (10) 健康経営・196

3．情報の入手と自己研さん・197
- (1) 最新情報を受け取る・197
- (2) 最新情報にアクセスする・198
- (3) 法令等を確認する・199
- (4) 安全衛生管理の知識を深める・199
- (5) 情報を見極める・200
- (6) 衛生管理者となった人に推薦する出版物・201

4．社外安全衛生関係機関との関係・205
- (1) 行政機関・205
- (2) 労働災害防止団体（災防団体）・207
- (3) 産業保健総合支援センター・地域産業保健センター・208
- (4) 安全衛生関係機関・団体・209
- (5) 嘱託産業医・医師・210
- (6) 健康診断実施機関（健診機関）・211
- (7) ストレスチェック実施機関・212
- (8) 作業環境測定機関・213
- (9) 安全衛生コンサルタント・213
- (10) 大学、研究機関・214

あとがき――衛生管理者として充実した時間を・215

●衛生管理者にお薦めする図書リスト・218
●参考引用文献・220

はじめに

　この本は、衛生管理者が、その職責を果たし、達成感のある衛生管理の仕事をしてもらう一助になればという思いで執筆しています。

　安全衛生管理は、事業者の責任で行われるべきことですが、実際の対応では、事業を支える従業員を大切にする視点が極めて重要だと思います。このような視点で、衛生管理者としての考え方・発想の仕方や姿勢を整理しました。衛生管理の取り組みは、結果が直ぐに出ることが少ない（結果で評価しにくい）仕事で、先々への展望を持って取り組む必要があります。この本も参考にして、展望を持ち、その展望を事業場内の関係者と共有して、衛生管理に取り組んでもらいたいと思います。

　個別の衛生管理の手法や法令の解釈については、関係法令や行政通達、他の各種テキストを参考にしてください。文中で触れているところもありますが、要点を絞っていますし、法令の解釈については筆者としての考え方だと理解してください。法令で用いられている用語と違う表現を使っているところもあります。例えば、大半のところでは、「労働者」ではなく「従業員」という言葉を用いています。事業場内で、従業員のことを労働者と呼ぶことはないと思いますし、使用者⇔労働者という対峙する関係で実際の安全衛生管理が行われていることはほとんどないと思います。筆者独特の視点での記載もあり、違和感を覚えることもあるかもしれませんが、衛生

管理者としての発想に磨きを掛けることにつなげてもらえれば幸いです。

　また、製造業の衛生管理者を想定した内容が多くなっていますが、他の業種の衛生管理でも必要なことを取り上げています。例えば、建設業などに関わる固有の事項（ずい道等の工事の救護の安全も含めて）は取り上げていません。統括安全衛生責任者、店社安全衛生管理者、元方安全衛生管理者、安全衛生責任者として、衛生管理者の業務に準じる対応が必要なこともたくさんありますので、参考にしてもらえればと思います。

　この本を執筆して、改めて衛生管理者の仕事が広範囲に及ぶことに気付きました。すべての分野で満足できる対応をしようと思ってもなかなかむずかしそうですが、あなたがいい仕事をして評価されることを願っています。法令を守ることによって評価を得るというよりも、安全衛生水準を上げて従業員が働きやすく、より良い仕事ができるようにすることを通して、衛生管理者が存在感を示し、評価を得ることにつながればと願っていますので、読み取っていただきたいと思います。

＜著者はこんな人＞

　学生時代に安全衛生分野を専攻したわけではありません。入社後、A事業所の安全衛生課に配属されて、とても驚きました。衛生係の一員として作業環境測定士の資格を取ることが最初のミッションでした。1万人以上の社員のほかに、非常に多くの協力会社の人たちが働く事業所でした。

　当時の安全衛生課衛生係のメンバーは、自ら考えて行動するという非常に前向きな人たちでした。労働安全衛生法ができて数年しか経っておらず、いろいろなことにチャレンジングに取り組めたという面もあると思います。当時の指導担当だった先輩に「君はこの事業所をどうしていきたいのか」と言われたことが印象に残っています。担当した業務は、作業環境の問題から健康保持増進まで衛生管理全般ということになります。調査研究的なことや開発的なことにも同僚と取り組みました。規程・基準の体系も整備しました。その後、安全管理も担当することになりましたが、中長期的な視点で取り組むことが求められる衛生管理の視点は、安全管理を進める上でもとても重要だと思っていました。

　30歳代前半に本社に移り、全社の安全衛生管理を担当しました。特に、大規模な作業環境対策の推進、産業医・保健師の採用を含めた健康管理体制の再構築、心身の健康保持増進の取り組みを思い出します。産業医・保健師が身近な存在になりました。

　B事業所の安全健康管理の責任者になり、安全面でいろいろと苦労しましたが、現場第一線の人から「あなたが来て健康管

理が変わった」と言われたこともあります。二次予防から一次予防へのシフトで、取り組みの視点が全国的にも注目されました。安全体感教育もこの時期に企画しました。

　出向して、臨床検査会社の役員をしている時には、経営としての安全衛生管理の重要性を実感しました。全社の安全衛生管理の責任者として本社に戻り、さまざまな新たな視点での安全衛生管理施策に取り組みました。人間工学の取り組み、協力会社・関係会社支援、全社KY教育、機械安全対策の推進、OSHMSの取り組み、危険敢行性問題へのアプローチ、健康管理強化などが思い出されます。「後戻りしない」がモットーでした。この間、業界の活動にも注力しましたし、国際組織の安全衛生委員会にも出席していました。

　その後、教育（安全衛生教育を含む）と省エネ支援を主たる事業とする会社の社長となり、前向きな気持ちを持った社員に充実した日々を支えられました。退任後、中災防の教育推進部に在籍した後、今は公益財団法人大原記念労働科学研究所特別研究員として、執筆や講演をしています。

　安全衛生管理に関わり始めて40年以上が経ちますが、「自分の力で安全衛生管理をした」との記憶はまったくありません。一緒に安全衛生課に配属された同期の同僚、職場の同僚・先輩・後輩、いろいろな関係部門の人たち、そして現場第一線の人たちに「教えられ、支えられた安全衛生管理」でした。名前をあげてお礼を伝えたい人がたくさんいます。

　安全衛生管理は、経営にとっても、働く人たちにとっても、価値の創造を支えるものです。人が関わるという面でも奥の深い分野ですし、経営の視点では戦略性のいる分野だとも思っています。

I

衛生管理者としての仕事を始める

1. 衛生管理に求められること

「衛生管理」とはどのようなことなのか、考えてみましょう。このような基本的なことについて考えておくと、衛生管理者としての存在感を示しながら、評価される仕事につながると思います。この章を参考にしながら、自分で衛生管理者像を描いてみてください。

(1) 「衛生」という言葉の持つイメージ

「衛生」という言葉に、明るく前向きな印象が持てないのは筆者だけでしょうか。これは、この言葉が害悪から健康(生命)を「守る(衞る)」ところに、元々の意味があったことに由来していると思います。

衛生管理者制度が作られた時代(労働基準法で安全衛生管理について規定していた時代)の事業場の衛生管理の主要な課題として、じん肺などの職業性疾病対策の他に感染症対策があったようです。感染症といっても、(新型)インフルエンザではなく、赤痢や肺結核などへの対応です。労働安全衛生規則に「清掃の実施」「汚物の処理」「給水」「便所」や「栄養の改善」が規定されているのもこのような状況を反映しての規定なのでしょう。

この他、労働安全衛生法では、公衆衛生的な項目として、大掃除や防鼠防虫(ネズミ対策等)などの規定があるのは、みなさんも勉強したと思います。制定時の時代的な背景だけでなく、労働者保護の法体系の中で、どこかで決めておく必要があり、労働安全衛生法に織り込むことが最も適切だという判断で規定されたのでしょう。

いずれにしろ、産業界関係以外の人に、「衛生を担当している」と言えば、このような公衆衛生的な業務を思い浮かべる人が多いと思います。

このような「衛生管理」のイメージがありますが、実際の業務では公衆衛生的な面への対応は不可欠とは言え、社会全体の衛生管理水準の向上もあって、現在の主要な課題ではありません。事業場の衛生管理は、衛生管理者制度ができた時代から主要な課題も変わり、広範囲でむずかしい業務になってきています。

(2) 衛生管理の目的を考える

否定的な印象を取り上げましたが、筆者は30数年間、企業でいわゆる労働衛生分野を担当してきました。この間、「守る」という意識よりも、どちらかというと「より良くする」ためにどうしようかという意識（どちらかというと「攻める」意識）が強くありました。それも、合理的・科学的に取り組みたいと強く思っていました。このような考え方が、言葉の持つ印象とは違い、充実した気持ちで衛生管理を担当することに結び付いたと考えています。それぞれの仕事観や立場によって違うと思いますが、みなさんも達成感を感じながら衛生管理の仕事に取り組んでもらいたいと思います。

では、企業において安全衛生管理とは、どのような位置付けなのでしょうか。安全衛生方針や理念には「健康で明るい職場をつくる」「安全と健康はすべてに優先する」などと表現されていることが多いのではないでしょうか。あなたの会社ではどのように表現されていますか。

筆者の頭の整理を紹介します。会社は「事業を通して価値を生み出し、社会を豊かにしていく」存在でありたいと思います。価値は、

経営者から現場第一線の人が、それぞれの立場、持ち場で働くことによって生み出されます。この価値が「豊かさ」につながることになるのですが、この「豊かさ」を生み出す過程で、「豊かさ」を生み出すために働いている人たちが病気やケガをしてしまっては矛盾です。この矛盾が生じないようにするという取り組みが安全衛生管理だと考えます。「豊かさ」を実現する過程を支える仕事です。

　また、経営の視点で言えば、従業員を大切にすることが、従業員の前向きな気持ちを引き出し、業績を向上させることにつながります。安全衛生管理の基本がここにあります。経営にとっても従業員にとっても、欠かせない大切な仕事です。

　「理想に過ぎない」と思う人がいるかもしれませんが、長年の経験を通して、筆者はこのように確信しています。もし、確信できないとしても、このように考えることが、より良い衛生管理を行うことにつながります。経営や従業員のためになり、衛生管理者自身のやりがいに結び付くのではないでしょうか。表Ⅰ-1と表Ⅰ-2は筆者が30歳の頃に労働衛生管理に関する考え方を整理したものです。表Ⅰ-1は労働衛生管理の目的の区分を、表Ⅰ-2は衛生管理の意義と目標をまとめています。自分自身で、業務の意義を整理してみることも大切です。

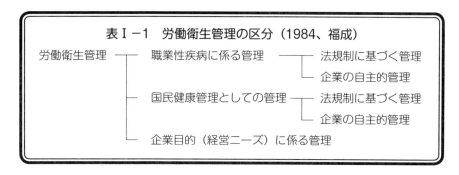

表Ⅰ-1　労働衛生管理の区分（1984、福成）

1. 衛生管理に求められること

表Ⅰ-2　企業における衛生管理の目的-達成目標と対策レベル-（1984、福成）

目的	管理水準	管理の積極性	主観的達成目標	施策の対象	判断尺度	課題水準	法対応	行政指導
従業員の健康維持向上	最低 ↓ 理想	基本管理	働くことのできる職場の確保	職業性疾病発生防止／集団食中毒発生防止	絶対的	必須課題	法違反	命令
		消極的管理	安心して働ける職場の確保	職業性疾病要因排除／伝染性疾病伝播防止／一般疾病悪化要因廃除／負荷の適正化		標準課題	法遵守	勧告／指導
		積極的管理	働きたくなる職場の創造	精神的不安定要因排除／不快要因排除／一般疾病要因排除	相対的	追求課題		

I 衛生管理者としての仕事を始める

操業維持	生産性	労使関係 雇用関係	社会的信用	法的責任	取引関係	地域影響	OSHMS	時系列
			社会的指弾	刑事責任回避	前提	可能性	認定条件	過去
生産活動維持	低い	不安定						
			社会的信用維持					
職場活力向上				民事責任回避				
	高い	安定	社会的信用向上					将来

1. 衛生管理に求められること

(3) どこまでが担当範囲なのだろう

　衛生管理の仕事は広範囲にわたります。人間という「生物」を対象にした奥の深さ、関係する事象（物理的影響、化学的影響、生物学的影響、人間関係など）の幅の広さ、場合によっては何十年先も見通さなければならない時間軸、関係する法令や知見の量の多さ、となかなか大変です。敢えて範囲を限定するとしたら、「労働」（就業時間中）ということになりますが、現実には健康管理の関係で労働時間以外の生活習慣などにも関わりを持たざるを得ない部分があります。

　衛生管理者になったら、とりあえずは労働安全衛生法を中心にした関係法令をベースと考えてスタートを切ることになります。衛生管理者試験受験のために勉強した人も多いと思いますが、もう一度、会社の仕事に関係する法令に目を通して、課題が残っていないか確認しておいてください。行政通達もたくさん出されていますので、主なものについては、内容を確認しておきましょう。衛生管理関係の主な行政通達は、中災防が全国労働衛生週間に向けて毎年発刊する「労働衛生のしおり」に一覧などで示されています。法令の解釈通達については、法令集やインターネット（中災防・安全衛生情報センター等）で確認できます。ただし、法令や通達は、主要なものや日常の管理に必要なものは別にして、必要な時に確認し、的確な対応ができるということが基本ですので、とりあえず存在を知っておけばよいものもあります。

　労働安全衛生関係法令以外でも、衛生管理を担当する中で関わりの深い法令があります。主なものを表Ⅰ-3に掲げます。この他に、消防や防災・石油コンビナート等の防災関連法、医療や薬事関連法、

表Ⅰ-3　労働安全衛生関係法令以外で衛生管理に関係の深い主な法律
- 作業環境測定法
- じん肺法
- 労働基準法
- 労働者災害補償保険法
- 労働者派遣事業の適正な運営の確保及び派遣労働者の保護等に関する法律（労働者派遣法）
- 職業安定法
- 労働契約法
- 健康増進法
- 石綿による健康被害の救済に関する法律
- 毒物及び劇物取締法
- 感染症の予防及び感染症の患者に対する医療に関する法律（感染症予防法）
- 放射性同位元素等による放射線障害の防止に関する法律（放射線障害防止法）
- 特定化学物質の環境への排出量の把握等及び管理の改善の促進に関する法律（化管法）
- 建築物における衛生的環境の確保に関する法律（ビル管法）
- 出入国管理及び難民認定法（外国人技能実習生受け入れの場合などに確認）

民法、刑法、民事訴訟法など衛生管理の業務を担う中で、確認が必要になる法令があります。業種によっては、他に関係の深い法令もありますので、自分で確認しておきましょう。法令以外にも、法令等に基づく国（厚生労働省等）などの方針や計画などもあり、必要に応じて確認してください。厚生労働省の労働災害防止計画（原則5年毎に策定）、新型インフルエンザ対策行動計画、などがありますし、都道府県労働局の行政運営方針（原則として年度毎に策定）

は確認しておくと、安全衛生上の課題とその対応方向の概略がわかります。

(4) 衛生管理はむずかしい

　衛生管理には、法令等に基づく管理を含め、マネジメント、統計、ヒューマンファクター、教育、健康、感染症、食中毒、医療など、あげれば切りがないほどに関係する分野がありますが、すべての分野の専門家になることはむずかしいでしょう。必要の都度、関係することについて勉強して、どのように対応したらいいのか、どのように判断したらいいのかがわかると理想的ですが、ハードルは高いかもしれません。

　衛生管理は範囲が広くて奥が深い上、成果が判断しにくいために、衛生管理者としてどこまで取り組んだらいいのかわかりにくいところがあると思います。取り組み方もさまざまです。どのようなことでも同じですが、事業場にとって「本当に意味があることなのか」を自問しながら、衛生管理者としてより的確な判断をして、実効の上がる取り組みに結び付けることが大切です。速球だけで真正面から勝負するだけでなく、変化球を投げたり、見せ球のボールとなる球を投げたりすることも必要でしょう。ヒットを打たれても、最終的に試合に負けないピッチングであればいいという考え方もあります。衛生管理者は自分の持ち球を磨き、活かして仕事をするということが必要だと思います。加えて、欠かせないのが、チームメイトへの信頼ですし、スタンドのファンの応援です。衛生管理者として、支えられ、応援される存在となることを目指してください。

2. 衛生管理者になったら

　衛生管理者としての仕事の基本について整理しました。当たり前のこともありますが、基本を押さえておくことが、衛生管理者として評価され、よりレベルの高い仕事をすることにつながります。次章以降でも触れますが、衛生管理者になったからといって、衛生管理に関することすべてを背負い込むことはできません。事業場内の関係者の力や前任者のアドバイスをもらいながら仕事を進めていきましょう。場合によっては、社外安全衛生関係機関などの助力を得ることも必要です。

(1) 選任手続きをする

　事業者は、衛生管理者を選任したら、労働基準監督署に選任報告を提出しなければなりません。どの部門がこの手続きを行うかは事業場によって異なりますが、できれば選任された衛生管理者が自分で労働基準監督署に出向いて提出したいものです。安全衛生関係の業務を担当すると、労働基準監督署はとても身近な行政機関になります。各種の届出等を持って行ったり、場合によっては説明に出向いたりすることになります。法令に基づく指導を仰ぐこともあるかもしれません。もし、労働基準監督署に出向いたことがないのであれば、どのようなところなのか自分の目で確かめておくと、必要な時に出向きやすくなるでしょう。

　選任報告の様式（労働安全衛生規則様式第3号）の記入欄への記入内容に迷うことがあると思いますが、衛生管理者の場合は、**表I**

－4のような考え方で記入すればいいでしょう。不安がある場合は、労働基準監督署に電話などで聞いてみることを勧めます。

　なお、衛生管理者の資格がある人全員を、衛生管理者として選任する必要はありませんし、逆に選任されていないからといって衛生管理関連の仕事をしてはならないということでもありません。選任されると、法令に基づく責任が生じるということになります。ただし、「法令に基づく責任」と言っても、日々緊張しながら「法的責任を問われないようにする」などということを意識する必要はありません。何か労働衛生上の問題が生じたら、衛生管理者が必ず責任を問われる（法違反として罰則を受ける）などということではありません。労働衛生上の大きな問題が生じているのに、無視し続けるとか、隠ぺいするといった悪意のある対応は別ですが、日頃からこのようなプレッシャーを感じながら仕事をする必要はありません。従業員の健康を支えるという気持ちを持って、前向きに仕事をしてもらいたいと思います。

表Ⅰ－4　選任報告記入の考え方(記入の仕方を迷うことが多い欄についてのみ)

欄（略記しています）	チェックのポイント	記入の考え方
①坑内労働または有害業務に従事する労働者数（記入欄は2つ） ②労働者数	第一種衛生管理者、第二種衛生管理者、衛生工学衛生管理者等が法令に基づいて適切に選任されているか（資格、人数、専任等）を確認します。	選任された日の人数が把握できれば、その人数を記入します。正確にわからない場合は、直近の年度初めや年度末、あるいは健康診断実施時等、合理的で根拠のはっきりした人数を記入します。
③担当すべき職務	2人以上選任される場合で、職務を分担する場合に記入します。衛生管理が遺漏なく実施されるように、それぞれの衛生管理者の担当する職務を確認します。	職務区分がわかれている場合は、分担する職務（例えば、「健康診断・健康保持増進関係業務」とか「○○部の衛生管理に関する業務」）を記入します。記入する職務が重複していても構いません。衛生管理者が1人の場合や、複数選任されても職務区分が明確にわかれていない場合に記入するとしたら「事業場の衛生管理全般」などとしておきます。

（注）労働者数は、パートタイマーや派遣労働者等を含めて常態として使用する労働者の数を記載します。「常態として使用する」の明確な線引きはむずかしいですが、ここでは事業者が安全衛生管理の対象として念頭におく必要のある労働者（請負契約に基づく業務を行う労働者等を除く）と考えて整理するとよさそうです。労働安全衛生法では、衛生管理者の選任義務など常時50人以上の労働者を使用する場合に対象となる規定があります。

Ⅰ 衛生管理者としての仕事を始める

様式第3号（第2条、第4条、第7条、第13条関係）
総括安全衛生管理者・安全管理者・衛生管理者・産業医選任報告

労働保険番号				
事業場の名称：		事業の種類	衛生管理者の場合	坑内労働又は有害業務（労働基準法施行規則第18条各号に掲げる業務）に従事する労働者各数　　人 ①
事業場の所在地				坑内労働又は労働基準法施行規則第18条第1号、第3号から第5号まで若しくは第9号に掲げる業務に従事する労働者数　　人
電話番号		②労働者数　　人	計　　人	

フリガナ	
被選任者氏名	
選任年月日	生年月日	選任種別
③安全管理者又は衛生管理者の場合は担当すべき職務	専属の別
	専任の別

2. 衛生管理者になったら

(2) チームを確認する

　他の業務と同じで、新たな業務を担当することになったら、安全衛生管理に関係する上司、同僚などを確認して、挨拶しておきましょう。このようなことは、「eメールで」という会社もあるかもしれません。関係者が身近な人であれば、確認や挨拶が必要ないこともあると思います。

　事業場の衛生管理者に選任されたことを関係者に伝えておくことが、円滑な業務につながります。産業医等（嘱託で選任している場合も）にも、挨拶に行っておくことが必要です。総括安全衛生管理者が選任されている場合も必ず挨拶しておきましょう。安全衛生管理を統括し、衛生管理者を指揮する立場の人ですので遠慮してはいけません。総括安全衛生管理者は、事業所長など普段は接することのない人かもしれませんが、できるだけ早く顔を見せて挨拶しておくことは、以後の衛生管理者としての仕事を円滑に進める上でとても大切なことです。総括安全衛生管理者にとっても衛生管理者に対して指示をしたり確認したりしやすくなり、事業場の運営にもプラスになります。

　労働組合（従業員代表）も忘れないようにしましょう。安全衛生関係の仕事は、衛生委員会などを含めて労使で検討したり、労働組合に協力を求めたりすることも少なくありません。また、状況によりますし、急がないかもしれませんが、予算部門、人事部門、技術部門など、衛生管理の業務を進める上で関係のある部門にも顔を出しておきましょう。時間が経過してからの挨拶というのはなかなかむずかしいものですし、よく思わない人もいるかもしれません。実際には、事業場の慣例に従うということになりますが、事業場の衛

生管理を担う者として要否を判断してください。

　あわせて、代理者となる人も確認しておきます。法令で、衛生管理者が職務を行うことができない時は代理者を選任しなければならないことになっています。不在でも、連絡手段があって、判断を伝えることができる場合は代理者はいらないとされています。その都度、確認して決める方法もありますが、不在の時の代理者は〇〇さんだと予め確認しておく方がいいでしょう。代理者に関しては衛生管理者の資格を持っていることが望ましいですが、一時的な代理は、資格を持っていなくても衛生管理を担当するにふさわしい知識や経験を持つ人であっても構わないとされています。あわてる必要はありませんし、確認するまでもなく職制として自ずと決まることもあります。上司が代理者ということもあります。

(3) 衛生管理者業務を確認する

　衛生管理者として具体的にどのような業務を行うことになるのか、法令をベースにまとめてみました。法令をよく読むと、衛生管理者自身が自ら実施すべきことは、「巡視し、有害のおそれがある時に措置を講じる」ことだけです。あとは、事業者が衛生管理者に実施させ、そのために必要な権限を与えると規定されています。ただし、このようなことを読み取っても何の意味もありません。衛生管理者は、事業者（会社）から「専門的知識を活かして事業場の衛生管理を行うこと」を託されているということです。法令に記載された衛生管理者の職務としてあげられた事項が実施できているか否かをいちいちチェックしてもあまり意味はないでしょう。「事業場の衛生管理と従業員の健康管理に関することは衛生管理者の仕事」と考えておけば十分です。なお、筆者は、なぜ衛生管理者だけが、「少なくとも毎週1回作業場等を巡視しなければならない」のか知りませんが、衛生管理者が専門的な知識をもって職場の状態を良く見て、労働者の健康を守るという役割を期待されているということが条文から読み取れます。

　なお、労働安全衛生法ができた時に発出された行政通達も確認しておくといいでしょう。衛生管理者の中には、この通達を金科玉条のように考えている人がいますが、筆者は、発出された時代の状況を反映した内容だと思っています。例えば、衛生日誌については、「衛生日誌」という形での業務の記録を残さなければならないということではないでしょう。

　衛生管理者の職務は、このように具体的な項目として法令などで提示されていますが、繰り返し強調しているとおり、「事業場の安

全衛生水準を上げる」とともに、「従業員の健康状態を維持向上させる」ために必要なことを行うことが役割だと前向きに理解しておきましょう。具体的な取り組み方は、事業場の課題を見極めて、事業場に合った形で進めることになります。

表Ⅰ-5　法令に規定された職務

1. 事業者が衛生管理者に管理させなければならない業務（安衛法第12条、安衛則第3条の2）

　　総括安全衛生管理者が統括管理する以下の業務のうちの衛生に係る技術的事項

　① 労働者の危険又は健康障害を防止するための措置に関すること。
　② 労働者の安全又は衛生のための教育の実施に関すること。
　③ 健康診断の実施その他健康の保持増進のための措置に関すること。
　④ 労働災害の原因の調査及び再発防止対策に関すること。
　⑤ 安全衛生に関する方針の表明に関すること。
　⑥ 危険性又は有害性等の調査及びその結果に基づき講ずる措置に関すること。
　⑦ 安全衛生に関する計画の作成、実施、評価及び改善に関すること。

2. 衛生管理者の責務（安衛則第11条）

　　少なくとも毎週1回作業場等を巡視し、設備、作業方法又は衛生状態に有害のおそれがある時は、直ちに、労働者の健康障害を防止するため必要な措置を講じる。

> **表Ⅰ-6 衛生管理者がなし得る権限としての具体的な「衛生に関する措置」（昭和47年基発601号の1）**
> ① 健康に異常のある者の発見及び処置
> ② 作業環境の衛生上の調査
> ③ 作業条件、施設等の衛生上の改善
> ④ 労働衛生保護具、救急用具等の点検及び整備
> ⑤ 衛生教育、健康相談その他労働者の健康保持に必要な事項
> ⑥ 労働者の負傷及び疾病、それによる死亡、欠勤及び移動に関する統計の作成
> ⑦ その事業の労働者が行なう作業が他の事業の労働者が行なう作業と同一の場所において行なわれる場合における衛生に関し必要な措置
> ⑧ その他衛生日誌の記載等職務上の記録の整備等

(4) 秘密保持の責任がある

　衛生管理の仕事を担当していると健康診断、ストレスチェック（心理的な負担の程度を把握するための検査）やこれらの結果などを受けての面接指導等の関連で従業員の健康状態や個人情報を知る機会があるかもしれません。このような場合の秘密の保持は、法律でも義務付けられています。
　この他、個人情報については、事業者として保護する義務がありますので、書類の扱いを含めて慎重な取り扱いが必要です。個人情報保護法（個人情報の保護に関する法律）の規定も確認しておきましょう。事業場に診療所がある場合は、医療機関としての対応も必要になります。診療所の運営も担当するのであれば、関係するガイドラインも確認しておいてください。

ちょっとした日常会話の中で「ここだけの話し」などと個人情報を口にすることもないようにしなければなりません。堅苦しく感じるかもしれませんが、自分自身の身に当てはめてみて、自分の情報がどのように扱われるかを考えれば、適切な扱い方が概ねわかるでしょう。ただし、非常に個人情報に敏感な人もいますので、自分だけの基準で考えないようにすることも必要です。衛生管理者として信頼される存在であることは、衛生管理の業務の前提です。

(5) リスクマネジメントも意識しよう

リスクマネジメントは、経営にとって大きなウェイトを占めます。会計上に現れてくる問題もありますが、そうでなくても、社会的信用を損なうことになれば、経営の責任が問われることがあります。経営者の責任が問われるだけでなく、従業員、地域住民、取引先、そして投資家（株主等）からの信用を失い、事業運営への影響が出てくる可能性もあります。リスクマネジメントの問題は、経営者の問題だけではなく、会社で働く従業員にとっても重要な問題です。

リスクマネジメントの中で衛生管理に関わる主なものは、法令、職業性疾病、事故、過重労働、メンタルヘルスなどです。衛生管理者の対応として特に重要なことは、大きく分けて二点です。一つは、予防に関することで、衛生管理上の問題が発生しないように、必要な対策を実施することです。直ぐに実施できないこともありますが、補完的な対策を関係者の理解の下に実施し、着実に改善を進めていくことが必要です。ただし、法令に違反することや産業界の標準レベルから見て、著しく遅れている状態のまま放置されているようなことがあれば、直ぐに対応しなければなりません。もう一点は、衛生管理者として問題を抱え込まないことです。衛生管理者としての

職務を遂行する中で気付いたり、耳にした大きな問題は、上司に報告することが必要です。経営上の責任を衛生管理者が背負い込んではいけません。例えば、直ぐに改善をしなければならない状況に気付いても、予算を取れないからと衛生管理者の判断で先送りして、結果として社会問題化するようなことがあっては取り返しが付きません。社内の関係者で問題を共有して的確な対応を取ることが必要です。

(6) 一つずつ対応していく

　新たな仕事を担当する時は、着任に当たって上司から提示された業務や前任者から引き継ぎを受けた業務に対して、一つずつ対応していくことから始まります。一つ一つの業務を処理していくだけでなく、それぞれの業務をなぜ実施するか、業務のやり方は標準化されているのかなどを考えながら取り組んでください。特に衛生管理者としては、法令や社内（事業場内）規程等との関係を確かめておきましょう。次々と対応すべき仕事ができてくるかもしれませんが、その都度法令や社内規程等との関係を確かめておくことも大切です。その仕事が終わってしまえば、確かめるチャンスが先送りされることになります。なお、法令や社内規程等との関係を確認する時には、できればとことん調べると先々にわたって役に立ちます。法令であれば、関係する通達まで確認しておきましょう。そうすることによって、課題が見えてくることも少なくありません。また、法令や社内規程等だけでなく、他企業などの取り組み、先進的な取り組みなども一緒に調べておくと次に対応する時に役に立ちます。

　ひょっとしたら、着任して「何をしたらいいのかわからない」などということもあるかもしれません。そんな時は、現場に行って衛

生管理者の目で職場を見ることと、幅広く法令等を勉強することを勧めます。社内の規程等が整備されているのであれば、読み込んでおいたり、過去の衛生関係の書類に目を通しておくことも必要です。このようなことは、衛生管理者としての仕事の質を高めていくことに必ずつながります。

(7) 次のステップを思い描いて

衛生管理者としての業務は、やり方が決まっている定型的な業務などを遂行することに始まることが多いと思いますが、次の段階も想定しておきましょう。事業場の安全衛生水準を高め、経営にも従業員にも貢献していくという視点を持つと見えてくる業務です。

技術の進歩、従業員構成の変化、社会的な要請などを踏まえた対応について考えたり、衛生管理者自身が自己研さんを積んだり、現状の衛生管理のあり方に疑問を持ったりすることが第一歩です。法令などが精緻になり、その対応だけで十分と思う人がいるかもしれませんが、折角与えられた衛生管理という、ある意味で事業場全体・従業員全員に関わる仕事ができる土俵が与えられたのですから、やりがいを感じられるように積極的な姿勢で業務に臨んでください。筆者は、働きやすく（効率的にいい仕事ができるように）するという視点が重要だと思っています。

(8) 評価される仕事をしよう

衛生管理の仕事は、一般的には会社の利益に直結する仕事ではありません。このような仕事ですが、会社の中での評価（人事考課）が高い方がいいのは当然です。給与をもらう立場ですので、高い評

価を得たいものです。高い評価を受けることは、仕事の結果として得られる報酬ということもありますが、信頼を得ての仕事がしやすくなることも意味します。

　では、どうすれば高い評価を受けられるのでしょうか。会社によって違いますので、一概に言えませんし、評価はさまざまな要素を含んでいますので、残念ながら責任を持った答えを書くことはできません。筆者の判断基準で言えば、法令等への対応はベースであって、大きなプラス要素にはなりません。これだけではなく、経営にとっても、従業員にとっても、より良い状況を創り出していくことが大切です。「問題が起きないようにするよりも、従業員がより良い仕事ができるようにする」「コストを掛けないよりも、うまくコストを掛ける」などと表現することもできるでしょう。衛生管理者が高い評価を受けられることは、経営にとっても、従業員にとっても良いことだと関係者に思ってもらえるような仕事をしたいものです。

　あわせて、CSR（corporate social responsibility：企業の社会的責任）やコーポレート・ガバナンス（企業統治、内部統制や監査等により公正で適切な事業運営）などの関係でも、経営に貢献する立場で適切に対応することが必要です。リスクマネジメントとして的を絞った形で経営課題の一つとされていることもあります。経営者や上司の関心も高く、衛生管理者として経営に貢献していると評価されることにつながりやすい面もあります。判断の基準は、経営への貢献であり、さらに言えば、あらゆるステークホルダー（利害関係者）への貢献という視点だと考えます。

> **表Ⅰ-7　ステークホルダー…いろいろな定義があります**
> 企業経営に関わりのあるすべての人
> ・投資家　・株主　・金融機関等の債権者
> ・取引先（プロバイダー・購入先）　・取引先（ユーザー・消費者）
> ・従業員（社員）・協力会社従業員
> ・地域社会　・行政機関　・非営利団体　・国民

　一方、「評価を得るために衛生管理の仕事をする」という姿勢が前面に出ると、かえって評価を得られないこともあります。専門性に磨きを掛ける努力も積み重ねながら、衛生管理を通して、経営や従業員に有用な仕事をして、結果として評価を受けるということになってほしいと思います。

3. 事業場内のコミュニケーション

　衛生管理に関わる事業場組織としての意思決定や組織運営の中での現場第一線との連携の取り方について取り上げます。組織で働く人、特に管理部門で仕事をする人としては当たり前のことかもしれません。衛生管理者は、「衛生の問題を管理する人」というよりも、事業場や関係者を動かして、必要な衛生管理を行い、事業場等の衛生管理水準を高めていく立場にある人です。衛生管理者という法令で規定された立場を根拠にして権限を発揮したり、責任を果たすということを前面に出すのではなく、事業場等の関係者の信頼を得て、仕事を進めていくようにしてください。衛生管理者個人の力でできることには限界がありますが、事業場という組織全体が安全衛生の課題に前向きに取り組むようにする要としての役割を果たせるようになってもらいたいと思います。

(1) 組織の要を意識する

　会社の中で衛生管理に関わる人はたくさんいます。濃密を別にすれば、経営者から現場第一線の一人ひとりまですべての従業員に関わりがあります。衛生管理者は、衛生管理に関して経営の方針を現場に適用していく立場でもありますし、現場の状態を踏まえて的確な経営判断を引き出していく立場でもあります。実質的に、経営を動かし、現場第一線を引っ張っていくということになります。
　法令の改正などについての情報を行政組織等から得て、事業場外からも情報を入手して社内に適用していくということも求められて

います。事業場外からの情報は、社内情報、研修会、説明会、文献・雑誌、インターネットなどから得られます。情報を事業場の衛生管理に活かすための対応は、1人で判断する必要はありません。課題を整理して上司の判断を仰いだり、必要な場合は現場を預かる管理監督者などの意見を聞いたりして対応を決めていくことになります。安全衛生委員会等への付議が必要な場合もあります。

　衛生管理者は事業場の衛生管理の要です。衛生管理者の資格は持っているが、そんなに専門性が高いわけではないと感じている人もいると思いますが、心配しなくても大丈夫です。別の章でも触れますが、衛生管理に関する情報を入手して、その情報の事業場にとっての意義を判断して、必要な場合は事業場に合った形での適用に結び付けていくということです。自ら現場の実態を確認したり、アンテナを張り巡らせて事業場内の状態を把握したりして、その適用の意味を解釈することになります。専門的な知識というよりも、衛生管理に関わる事業場内外の情報を幅広くキチンと収集して整理することができれば、後の進め方は他の仕事と大きく変わらないでしょう。衛生管理の要としての専門性は、衛生管理に関して調べる（情報を得る）ことから始まります。

(2) 場を設ける

　円滑かつ的確に安全衛生管理を行うために関係者間のコミュニケーションが必要です。「必要な時があれば、その時にコミュニケーションを取ればいい」というのはその通りですが、現実にはそんなにうまくいきません。設定された場があってこそ広がりを持つコミュニケーションが取れるという面があります。事故やトラブルが発生した時などは、否応なしにコミュニケーションを取ることにな

りますが、平時（緊急の組織的対応を要するようなことがない時）にはなかなかむずかしいものです。関係者の大半は、安全衛生管理の専従者ではなく、本業（それぞれの業務）を抱えています。このような関係者と連携を取るには「場を設ける」ことが大切です。

　総括安全衛生管理者がいる事業場では、定期的に安全衛生管理に関する状況や課題の報告をしたり、施策を検討したりする「場を設ける」ことが大切です。安全衛生委員会がありますが、安全衛生管理に関して労使で調査審議する場であって、事業場規程等で特段の定めをしている場合を除いて、事業者としての対応を決める場ではありません。総括安全衛生管理者等に決裁を仰ぐ場もあると思いますが、決裁を仰ぐ必要のあることだけが、安全衛生管理の対象ではありません。決裁を仰ぐにしても、決裁を仰ぐ前に十分な意思疎通を図る（方向性の一致が見通せるようにする）ことが大切です。「場を設ける」ことは、衛生管理者としても課題の整理をする機会になりますので、的確な衛生管理を遺漏なく行うためにも有用です。このような「場を設ける」場合は、安全管理関係も含めて一緒にした方が検討の幅が広がることになり、より充実した検討につながります。このような「場を設ける」ことによって総括安全衛生管理者等から、気にしていることや持っている情報について話があったり、会社の動きとの関係での安全衛生管理上の検討課題などについての指示等がされたりすることがあります。顔をあわせる場は、事業場の安全衛生管理の取り組みの質を高めることにつながると考えます。頻度は事業場の規模等に応じて決めることになります。

　ここでは、「場を設ける」対象を総括安全衛生管理者としていますが、上司や他の安全衛生関係者も対象になります。事業所長が総括安全衛生管理者でない場合は、事業所長にも定期に報告するような場が必要でしょう。経営者や事業所長などのトップに立つ人は、

安全衛生管理についても最終的な責任を負うことになります。トップが的確な判断ができるようにするのは、部下の仕事です。衛生管理者も、衛生管理に関してトップが的確な判断ができるように、必要な情報を提供し、衛生管理の実務と実質的責任を担う者としての意見を伝えて理解してもらうようにすることが必要です。

定期的に「場を設ける」ことについて記載してきましたが、事業所長や総括安全衛生管理者等が交代した場合なども速やかに事業場の課題について説明しておくことが欠かせません。

(3) 職場組織と連携する

従業員数の多い事業場（職場数の多い事業場）では、必要な情報を共有し、職場の安全衛生管理について検討するために、職場単位で安全衛生担当責任者を決めて、組織的な対応（会議を持つなど）をすることが必要となります。職場の安全衛生担当責任者を誰にするかということについては、いろいろな考え方があります。衛生管理については、「事業場の制度などを周知したり、手続きを進めたりする役割」が期待されて、事務的なことを担当する人が責任者になっている事業場もあるようです。例えば、健康診断の実施の事務などを担当する人ということです。事務的なことはとても大切ですが、一方で、衛生管理には作業管理や作業環境管理などで職場のマネジメントに関わることがあり、リーダーシップの発揮が必要なこともあります。どのような役割を期待するのかによって、職場の安全衛生担当責任者の位置付けが変わります。責任者と担当者と2階層にして、普段は担当者と情報共有し、必要な時には随時責任者と検討する場を持つという方法もあります。事業場の状況にあわせて整理しておいてください。

製造業の現場第一線の安全衛生担当責任者であれば、月1回、少なくとも3ヵ月に1回の職場安全衛生責任者会議のような場を設けるといいでしょう。大きな事業場であれば、「安全」と「衛生」を分けて場を設けることも考えられます。

(4) 技術・管理部門と連携する

　衛生管理の仕事は、衛生管理者が孤軍奮闘するのではなく、事業場として実施するものです。技術、開発、設備、予算、購買、工程、人事などといろいろと関係のある部門があります。関係部門と衛生管理について随時情報を共有して、一体となって事業場の衛生管理に取り組めるようにしておいてください。

(5) 情報を共有する

　情報共有は、必要な時に必要な情報を共有できればいいということですが、共有する情報を選択するのは、結構むずかしいものです。「私は聞いていない」などといった言葉を上司や関係者から言われたことはありませんか。一方で、「そんなことは君が判断すればいいんだ」などというのも上司が言いそうな言葉です。特に経営者や上司に情報を提供する時は、「経営にとっての意味」や「経営者や上司として判断をしなければならない理由」がわかるようにしなければなりません。経営者や事業場のトップは、社外との接触も多く、そのような時に世の中の動きについて情報を持っていることが、立場上必要なこともあります。安全衛生管理についても、産業界では重要な課題ですので、そのようなことも考えながら、情報を提供できればいいと思います。このようなことを気遣うことは、円滑に安

全衛生管理を進めるために必要な対応だと理解しておきましょう。

　一般的に、上司の立場であれ、部下の立場であれ、情報は提供された方が、提供されないよりも満足感につながりますし、円滑な業務につながります。ただし、決定に関わっていないことや関わりたくないことに関しては「どうでもいい」と思っている人もいますので、見極めての情報提供が必要かもしれません。情報が過剰だと受け止める人がいると、全体を否定されるようなことになりかねず、注意が必要です。このようなことにならないためには、受け止める側の多数の人が有用な情報だと判断できる情報を提供することが必要です。

　いずれにしろ、情報の提供の仕方は、結構戦略性がいります。事業場内の施策だけでなく、法令の改正や社内外の事故・事件情報に関しては、関心が高いことが多いと思いますので、抜けがないようにしてください。上司への場合に限らず、単に事実を提供するだけでなく、提供する情報をどのように事業場として受け止めるといい

3. 事業場内のコミュニケーション

のかについてもコメントを付けておくといいでしょう。コメントを付すことによって、提供できる情報の幅も広がることになります。事業場の業務に直接関係のないことでも、産業界の安全衛生管理の動向に関わることや世間を賑わしている（話題になっている）ことも重要な情報になります。

　「場を設けて」情報を共有することに加えて、事業場内でイントラネットなど（web社内報、ポータルサイトなど）があれば、活用して、関係者間で幅広く情報を共有することも考えみてください。できれば、安全衛生管理の頁を設けておいてください。ただし、情報が過度に精緻だったり、多過ぎたりすると、かえって必要な情報が伝わらなくなります。必要な範囲で簡潔でわかりやすい情報提供が求められるのは、他の業務で作成する資料と同じです。

　(3)項でも取り上げましたが、現場第一線の管理監督者から必要な情報が随時得られるようにすることも不可欠です。基本的には、事業場内の規程などで報告事項を決めておくといいでしょう。加えて、日頃から現場第一線にとって身近な安全衛生部門（報告しやすい部門）であることが、現場第一線からタイミングよく質の高い情報を得ることにつながります。前項にも記載したとおり、技術・管理部門との情報共有も重要です。

　安全衛生部門と事業場関係者との情報共有について記載してきましたが、安全衛生部門内での情報共有が重要なことは言うまでもありません。例えば、安全関係で現場に指示を出したのに、衛生管理者が知らないというようなことは避けなければなりません。現場第一線にとってみれば「安全」も「衛生」も区別の無いものです。安全衛生部門に対する信用に関わりますので気を付けてください。

(6) 関係会社・協力会社と連携する

　法令では、元方事業者としての「関係請負人（協力会社等）に対する安全衛生関係法令の順守に関する指導、指示（労働安全衛生法第29条）」が求められています。これは、すべての業種が対象で、製造業などの現業の業種に限られたことではありません。

　コーポレート・ガバナンスの一環としても、関係会社（グループ会社）の経営についても一体の企業経営（グループ経営）が求められ、法令順守やリスクマネジメントなどの面で、安全衛生管理も含まれることになります。関係請負人（協力会社等）に対しても、適切な安全衛生管理が行われることを前提にした契約とその履行が求められることになります。

　安全衛生部門としては、このような法令や経営課題も念頭に置きながら、関係会社や協力会社の安全衛生管理を支援することになります。事業の内容によって重点の置き方は異なりますが、情報の提供や安全衛生指導を行う機会を設けることが必要です。事業場の安全衛生管理と一体となった安全衛生管理が推進できるように工夫してください。定期に安全衛生関係の会議を持つことがとりあえずの対応になるでしょう。事業場に関係する関係会社や協力会社の協議会があれば、活用することができます。ただし、関係会社・協力会社はそれぞれ経営主体が違いますので、自主性を尊重し、連携して安全衛生水準を高めていくという姿勢が欠かせません。

(7) 「協力が得られない」はずはない

　事業場内に「衛生管理の業務に協力してくれない」人がいたり、部門があると思っている衛生管理者がいるかもしれません。この理由は相手が「協力する意味がない」と判断しているからではないでしょうか。「課題の提示の仕方がまずい」ために合理性を感じられず、「取り組むことが事業場にとって必要なことだ」との理解を得られていないということではありませんか。あるいは、「対応に必要な負荷の持ち方」に説得力がないのかもしれません。衛生管理に「協力したくなる」「協力せざるを得なくなる」ようにすることが基本ですが、簡単なことではありません。事業場にとってプラスになることを、わかりやすく提示することが必要です。安全衛生面だけでなく、事業との関わりで合理的かつ論理的に課題が整理できていると理解も得られやすいと思います。一方、「法で決まっているから」とか「上司に言われているから」などだけを前面に出すと、継続的な協力を得るという意味では逆効果となる可能性があります。法や上司の指示は絶対ですが、「法で決まっていなければ」「上司の指示がなければ」やらないということを表明しているようなものです。また、一般的に「正義の味方」のような言動とか振る舞いは共感を得られません。

　協力を得られる関係をつくるためには、一点突破という方法もあります。一つの課題に協力してもらえるようになれば、おそらく他の課題にも（芋づる式に）協力してもらえるようになります。何を一点にするかは、相手と課題次第です。基本は、相手に対して「頼りにしている」ことを示すことです。「あなたを頼りにしている」「どうしたらいいでしょう」などの姿勢で臨めば、解決方向の糸口を提

示してもらえるのではないでしょうか。考え方は積極的傾聴法と通じます。相手が自分で前向きな答えを導き出してくれるように、課題を示したり相談することが大切です。同じ会社の従業員同士ですから、本来持っている課題は同じはずですが、衛生管理に限らず、人や組織を動かすことは一朝一夕にはいきません。粘り強さと展望が必要です。

　いろいろなケースがあると思いますが、この本に記載している視点も参考にして、自分に合ったやり方で、信頼を得て、衛生管理の業務に取り組んでください。関係者の協力を得るためにもっとも必要なことは、現場をよく知り、専門的判断力を持つ衛生管理者としての実力を付けて、頼りにされる存在になることかもしれません。なお、他の業務と同じで、衛生管理者自身や安全衛生部門が上司に信頼されることが第一歩です。

4. 衛生管理関係者とのコミュニケーション

　衛生管理者は、事業場内外の安全衛生関係者と連携しながら衛生管理の課題に取り組むことになります。それぞれの専門分野やネットワークを活かし、力をあわせて課題に取り組んでください。医療専門家（医師等）とは、衛生管理者になるまで患者としてしか接したことのない人もいると思いますが、医学的な面について、教えてもらったり、指導を仰いだりすることになり、衛生管理を進める上での心強い仲間です。コミュニケーションを深め連携して衛生管理に取り組んでください。

(1) 安全衛生部門内で連携する

　同じ部門内に衛生管理者が複数いる時は、衛生管理者同士で毎日朝会などで情報共有することが必要でしょう。衛生管理者の所属部門が分かれている場合、例えばAさんは事業場全体、Bさんは製品部門、Cさんは保全部門にわかれている場合も、事業場として一貫した衛生管理を行い、かつそれぞれの業務を支えるために、情報共有の場はできるだけ多く、それも定期に持つといいでしょう。必要な時に連絡を取り合うということは当然ですが、定期に顔をあわせることが支え合う意味でも重要です。

　衛生管理部門と安全管理部門が同じ部門にあるか、別の部門にあるかに関わらず、やはり定期に情報共有する場を持つことが必要です。意外に意思疎通が悪い事業場があります。同じ法令の規定をベー

スにして、同じ従業員の命と健康に関わる仕事をしているのですから、一体感・一貫性を持った安全衛生管理となるようにしたいものです。どちらかというと、安全管理は現場密着型で日々の現場の管理に眼が行き、衛生管理は管理型の視点で地道に対応するといったことになりがちです。視点の違う人たちが、それぞれの見方で意見を交わすことは、職場に信頼されて安全衛生管理を円滑に進め、実効を上げるためにも意義があることだと思います。

(2) 医療専門家と取り組む

衛生管理者が連携を必要とする医療専門家の代表的な人は、産業医、医師、保健師、看護師、精神保健福祉士です。法令で医療専門家が関わることが求められている主な事項（産業医職務以外）は**表Ⅰ-8**の通りです。なお、歯またはその支持組織に関わる健康診断関連の事項については、医師という記載を歯科医師と読み替えてください。

> **表Ⅰ-8　法令上、医療専門家が関わることが求められている主な事項（産業医職務以外）**
> ・医師による健康診断の実施
> ・健康診断結果に基づく健康保持に必要な措置についての医師の意見聴取
> ・長時間労働従事者に対する医師による面接指導
> ・長時間労働従事者面接指導の結果に基づく必要な措置についての医師の意見聴取
> ・医師、保健師、厚生労働大臣指定研修を修了した看護師または精神保健福祉士による心理的負担の程度の検査（ストレスチェック）の実施
> ・ストレスチェックの結果に基づいて希望を申し出た者に対する医師の面接指導
> さらに、努力義務として次の事項が規定されています。
> ・健康診断の結果に基づく健康の保持が必要な労働者に対する医師または保健師による指導

　これらのことに関わる医療専門家は、社員である場合もあれば、社外の組織等に所属していることもあると思います。医療専門家が事業場とどのような関係であるかによって、連携の内容が変わりますが、ここでは一般的な連携の仕方についての考え方を紹介しますので、事業場に合った形で応用してください。

　医療専門家は、それぞれ法令に基づく資格を持つ人です。専門分野について深い知識を持ち、新しい情報も熱心に勉強して高い専門性を持ち続けています。個別対応に非常に長けている人が多いと思っています。いろいろなタイプの受診者と数多く応対して（例えば、健康診断の問診や病院等での診察では初対面の人を含めて毎日数十人の患者等と接して）的確な指導や処置をすることができる鍛

> **表Ⅰ-9　衛生管理に関係する国家資格を有する主な医療専門家**
> 　　　　…筆者の要約
> ・医師：医療及び保健指導を掌ることによって公衆衛生の向上及び増進に寄与し、もつて国民の健康な生活を確保する（医師法）
> ・歯科医師：歯科医療及び保健指導を掌ることによって、公衆衛生の向上及び増進に寄与し、もって国民の健康な生活を確保する（歯科医師法）
> ・保健師：保健師の名称を用いて、保健指導に従事する（保健師助産師看護師法）
> ・看護師：傷病者・じょく婦（産後の女性）に対する療養上の世話又は診療の補助を行う（保健師助産師看護師法）
> ・精神保健福祉士：精神障害者の保健及び福祉に関する専門的知識及び技術をもって、精神科病院その他の医療施設において精神障害の医療を受け、又は精神障害者の社会復帰の促進を図ることを目的とする施設を利用している者の地域相談支援の利用に関する相談その他の社会復帰に関する相談に応じ、助言、指導、日常生活への適応のために必要な訓練その他の援助を行う（精神保健福祉士法）

えられた人だとも思っています。また、当然かもしれませんが、病気やケガの人の回復・ケアについて、最優先の事項として取り組むという考え方を持っている人だと思います。特に、医師の専門性の高さと情報量の多さ、人の命を預かるという使命感を持った仕事には、感心させられたことが多くあります。保健師は、看護師の資格も持っていますが、名前の通り予防（保健指導）に熱意を持っていると感じることが多くあります。

　衛生管理者は、このような医療専門家と接する機会が多く、従業員の健康管理などについては一緒になって検討する立場になります。そこで、医療専門家の持っている力を最大限に発揮してもらい、

実効の上がる健康管理に結び付けるために頭に入れておいた方がいいと思うことがあります。

　医療専門家は、医療の専門家ですが、すべての分野の専門家ではありません。わかりやすい例で言えば、人事管理、職場管理、操業管理などについて詳しくなくて当然です。これらの分野について詳しい医療専門家もいますが、すべての人に過度に期待しては気の毒です。特に、医師には長時間労働やストレスチェックの結果などを踏まえて従業員との面接指導をしてもらうことになります。より的確な面接指導をしてもらうためには、会社や職場の状況や制度運営などについて知っておいてもらうようにすることが大切です。一回説明して終わりということでなく、日頃から情報を提供するようにしましょう。医療専門家にも従業員が業務を行っている現場に直接出向いて、現場の様子を知ってもらうことも重要です。衛生管理者はこのような企画をする立場にあります。

　また、専門分野についても得意・不得意があります。ただし、多くの医師や保健師等は、医療分野の情報収集力が高いですし、医療専門家としてのネットワークもあります。衛生管理者が専門的なことについて知る必要があって頼っていった場合、その場で判断や即答できないこともあるかもしれませんし、あいまいな答えしか出せないこともあるかもしれませんが、的確な対応をするために努力してくれる人たちだと思います。衛生管理者としては、これらの医療専門家を「うまく利用する」ことも必要です。一方、医療専門家の判断や情報が常に正しいとは限りません。納得がいかない場合などには、遠慮なく質問したり、自分の意見も伝えるようにしましょう。

　医療専門家も他の従業員と同じで、いろいろなタイプの人がいます。他の従業員に対する場合と違って、法律上選任義務が会社にあるために、会社の方が弱い立場などと考えて過度に遠慮してしまう

ことはないでしょうか。伝えるべきことはキチンと伝えることが、医療専門家にとっても自信と責任を持って面接指導したりするために必要なことです。

　なお、留意しておきたいのは、産業医や医師などの医療専門家の役割や負荷が、法令で求められる業務としても増してきている中でのサポートです。繰り返しになりますが、衛生管理者は、医療専門家が医療専門家として活躍できるように、事業場の実態との間にいて、関係者間のコミュニケーションの要の存在だと考えてください。

(3) 作業主任者を支える

　法令で定められた衛生関係の作業主任者を表Ⅰ－10に整理しました。作業主任者の資格は、免許試験合格または技能教習修了（修了試験あり）によって付与されます。衛生管理関係では実技の試験・講習が必要とされている資格はありませんので、基本的に知識に関する資格ということになります。ただし、免許については、受験資格がありますので一定の学歴等と経験が前提になります。

表Ⅰ－10　衛生関係の作業主任者
- 高圧室内作業主任者（免許）
- 特定化学物質作業主任者、四アルキル鉛等作業主任者（技能講習）
- エックス線作業主任者（免許）
- 酸素欠乏危険作業主任者、酸素欠乏・硫化水素危険作業主任者（技能講習）
- 有機溶剤作業主任者（技能講習）
- 鉛作業主任者（技能講習）
- 石綿作業主任者（技能講習）

どのような資格でもそうですが、試験とか講習の内容に関して100％理解し、100％記憶しているということではありません。技能講習修了試験でしたら、全科目の得点の合計が60％以上という合格基準で運用されていることが多くなっています。極端な言い方ですが、60％の知識で資格は取れて、責任ある仕事に従事することもあるということです。もちろん、100％ないしはそれに近い知識を持って資格を取得している人もいるかもしれませんが、知識を持っているからといって、最初から実務に的確に活かすことができるとは限りません。衛生管理者は、選任された作業主任者が、職務を確実に遂行できるように指導や支援をすることが必要です。当然実施しなければならないことを含め、次のような制度的な対応が考えられます。

・職務を実際に遂行できる範囲（組織、作業場）で作業主任者を選任する。
・職場関係者の前で選任証を渡すとか、腕章や記章を付けるなどにより作業主任者であることを周知するとともに、作業主任者としての自覚を高める。
・選任時に職場での役割について具体的に、場合によっては実技を含めて研修を行う。
・法令の改正などや関連する事件・事故情報などを随時提供する。
・法令で規定された点検に加えて一斉点検などを作業主任者を中心に実施する。
・小テストなどを適宜行って知識を確認し、レベルアップする機会を提供する。
・選任された作業主任者の能力向上教育を実施する。（「労働災

害の防止のための業務に従事する者に対する能力向上教育に関する指針」（厚生労働省公示））

　なお、特定化学物質や有機溶剤に関する作業主任者は、資格を取得する時の技能講習で、法令で管理すべき多数の化学物質について説明を受けています。しかし、事業場で個々の作業主任者が実際に管理する化学物質の種類はそれほど多くないことが一般的です。各事業場で取り扱う化学物質についてより深い知識を持って作業主任者としての役割を果たせるように、衛生管理者として整理した上で、教育や指導をすることが望まれます。この場合、新たな化学物質を使用することになった場合は、追加しての教育や指導を行うことも必要になります。

　作業主任者の資格を持っている人には、作業主任者に選任されている人、選任された作業主任者が不在の時の代理者として指名されている人、資格は持っているけれども選任されていない人がいます。選任されていない有資格者についても、能力維持の方法について考えてみてください。

　法令で定められた資格としての作業主任者について書いてきましたが、作業指揮者として指名される従業員（固定されていないかもしれませんが）に対する指導や支援も必要でしょう。さらに、事業場としての衛生管理上の課題に的確に対応するために、独自の事業場内資格を設けて作業を指揮したり関係する設備等の管理を行わせることもあってもいいと思います。このような場合にも指導や支援が必要です。法令で作業指揮者を指名してその指揮の下に作業を行わせることになっている作業は、特定化学物質の関連設備や腐敗・分解しやすい物を入れた設備等（酸欠や硫化水素中毒のおそれがある）の補修等の作業や、ダイオキシン関連の作業などがこれに当た

ります。

(4) 社内・業界との関係を保つ

　社内に複数の事業場がある場合は、各事業場と衛生管理のあり方について知恵を出し合い、連携して取り組めるようにしたいものです。衛生管理に関して本社機能を持つ部門があれば、衛生管理者間の連携のリーダーシップを取ってもらいましょう。
　同じ業界の事業場では、同じような課題を抱えていることがあると思います。情報管理の問題はありますが、同業他社の衛生管理者と可能な範囲で交流できるといろいろな気付きがあるでしょう。

II

衛生管理者としての
仕事に取り組む

1. 安全衛生委員会に臨む

衛生管理者は安全衛生委員会の委員になったり、事務局を務めたりするケースが多いと思います。安全衛生委員会をより充実させ、事業場の安全衛生水準向上に結び付くように運営しましょう。衛生委員会単独というよりも、安全衛生委員会として開催している事業場が多いと思いますので、この章では、大半のところで安全衛生委員会という表記を用いています。委員会と略記しているところもあります。

(1) 「安全衛生委員会」とする

安全委員会を設ける必要のない事業場で、衛生委員会を「安全衛生委員会」としてはいけないのでしょうか。法令で定められた要件を満たすのであれば、委員会を安全衛生委員会とするのがいいと筆者は考えます。安全は、事業の種類に関係なく、経営にとっても従業員にとっても重要なことですし、労使共通の課題です。交通安全まで含めて、安全に関しても労使で意見を交わす場として委員会を位置付けるといいでしょう。第三次産業の労働災害が注目される状態からも必要性を感じます。事業場で検討し、判断してください。なお、法令で安全委員会を設けなければならないことになっている事業場では、衛生委員会と安全委員会を別々に設けても、安全衛生委員会としてもいいことになっています。

(2) 法令に沿って運用する

　法令では、委員の構成、委員会の開催頻度、付議事項、議事概要の周知と記録の作成などについて規定されていますので、確認しておいてください。

　委員会の開催の目的は、委員から「事業者に対して意見を述べさせる」ことにあるとされていますが、「あまりピンとこない」と感じる人もいるのではないでしょうか。一方的に委員が事業者に意見を言う場と捉えるのではなく、協議し、ともに検討する場と考えるべきでしょう。

　また、法令で総括安全衛生管理者（または準じる人）が議長をすることになっていますが、司会進行をすることを求めている訳ではありません。全体の進行が円滑に行くようにすることが大切です。

　安全衛生委員会の運営については、委員会で決めることになっています。もし決まっていなければ「安全衛生委員会運営規程」「安全衛生委員会運営要領」のような事業場規程などを委員会で決めておくことが必要です。

(3) 委員を確認する

　衛生管理者に選任されたら、必ず委員会の委員になるとは限りません。法令では、事業場に衛生管理者が1人であれば、委員に指名されることになりますが、複数いる場合は、少なくとも1人が指名されればいいことになります。委員でなくても、事業場の衛生管理を担い、委員会の事務局機能を担う1人であることは間違いありませんので、位置付けは別にして委員会には（オブザーバーとして、

あるいは事務局として）出席することが望まれます。なお、委員でなくても、付議事項の説明や報告はもちろんのこと、充実した調査審議のため必要なことは発言するようにしましょう。

　委員は、議長を除く委員の半数を労働組合（従業員代表）の推薦に基づいて指名しなければなりません。安全衛生管理の課題は、労使協力して取り組むことが望ましいという考え方に基づくものです。ただし、事業場の規模や事業の特性などから、この規定通りの委員構成にするよりも事業場の安全衛生管理に有益だと考える場合は、労働組合（従業員代表）とよく相談して、構成を変えることができます。この場合、労働協約（労働基準法、労働組合法などに基づく）に定めがあることが必要です。よく確認しておいてください。労働協約に定めることなく労使の委員の構成が法令に示された状態になっていないことがありますので、注意しましょう。

　なお、委員になれば委員会に出席することが前提として当然ですが、委員全員の出席が委員会開催の要件ではありません。ただし、事業場の安全衛生管理にとって重要な会議ですので、年間の計画を早めに決めるなどして、できるだけ委員全員が出席できるようにする必要があります。欠席する委員がいる場合は、開催前に委員会において伝えるべき意見がないかを事務局が確認して、委員会の席上で報告するといった方法もあります。委員が委員会に出席できない場合の代理出席は、やむを得ない場合に限定されるべきでしょう。

　いずれにしろ、事業場の安全衛生管理を進めるために最適な委員（構成）になるように決めることが大切です。

(4) 付議事項を考える

　「付議する」とは、一般的に「会議で検討するために議題にする」ことですが、実際には報告で終わることもあります。法令で付議事項が定められていますので、確認しておいてください。

　チェックするだけで大変なくらいたくさんの項目が掲げられています。事業者が行う安全衛生管理に関するすべてのことが付議事項だと言っても間違いではなさそうです。付議する内容の粗密については、事業場の規模や課題によって変わらざるを得ません。大規模事業場などでは、法定の付議事項をすべて細かく報告して、協議・検討しようとすれば時間がいくらあっても足りません。このような場合は、要点を付議して、委員からの要請等があれば別途細部について報告し、協議・検討するというやり方が現実的でしょう。付議の仕方は、必要に応じて、事前に議長（安全衛生総括管理者等）の意向を確認したり、委員会（委員）の了解を得て、事務局が決めることになります。

　また、法令で定められている付議事項すべてを毎月の委員会に付議する必要はありません。適切な時期（月）に付議して、少なくとも年間で見ればすべての付議事項が調査審議されているようにします。例えば、健康診断を年1回実施しているのであれば、その時だけ（年1回だけ）の付議となっても構いません。

　法令で定められている付議事項は、事業者が実施すべき安全衛生管理に関して法令の大きな改正があると、あわせて変更（追加）されます。法令の改正がある時は、付議事項の規定に変更がないか確認して、付議すべきことに抜けがないようにしてください。

表Ⅱ-1 労働安全衛生法第18条（衛生委員会）…筆者による要約

…次の事項を調査審議させ、事業者に対し意見を述べさせる…
1. 労働者の健康障害を防止するための基本となるべき対策
2. 労働者の健康の保持増進を図るための基本となるべき対策
3. 労働災害の原因及び再発防止対策
4. 前三号に掲げるもののほか、労働者の健康障害の防止及び健康の保持増進に関する**重要事項**

表Ⅱ-2 労働安全衛生規則第22条（衛生委員会の付議事項）
…筆者による要約

法第18条第1項第4号の…**重要事項**には、次の事項が含まれる…
1. 衛生に関する規程の作成
2. 危険性又は有害性等の調査及びその結果に基づき講ずる措置（リスクアセスメント）
   - 危険性又は有害性等の調査等に関する指針（平成18年指針公示第1号）に基づく措置
   - 化学物質等による危険性又は有害性等の調査等に関する指針（平成27年指針公示第3号）に基づく措置
3. 安全衛生に関する計画の作成、実施、評価及び改善（労働安全衛生マネジメントシステムの運用等）
4. 衛生教育の実施計画の作成
5. 新規化学物質に関する有害性の調査並びにその結果に対する対策の樹立
6. 作業環境測定の結果及びその結果の評価に基づく対策の樹立
7. 健康診断及び法に基づく他の省令の規定に基づいて行われる医師の診断、診察又は処置の結果並びにその結果に対する対策の樹立
8. 労働者の健康の保持増進を図るため必要な措置の実施計画の作成
9. 長時間にわたる労働による労働者の健康障害の防止を図るための対策の樹立
10. 労働者の精神的健康の保持増進を図るための対策の樹立（ストレスチェック制度に関することを含む）
11. 厚生労働大臣、都道府県労働局長、労働基準監督署長、労働基準監督官又は労働衛生専門官から文書により命令、指示、勧告又は指導を受けた事項

なお、法令で具体的に決められていることが付議事項として含まれるのであれば、その他のことを付議したり、委員に情報提供したりするようなことがあっても制約はありません。ただし、安全衛生管理と無関係のことが中心議題になるようなことは避けるべきです。もし、安全衛生管理以外のことも議題にする会議を安全衛生委員会として開催する場合、例えば、安全防災委員会とか安全環境委員会などのような形で開催する場合は、議題を安全衛生関係の付議事項とその他の議題に分けておくと、混乱がなくなります。

安全衛生委員会の議題の例

Ａ事業場　　〇月

Ⅰ．安全衛生委員会現場確認結果検討
　　（委員会開催前に委員で現場確認を行ったという前提）
Ⅱ．報告・検討事項
　１．労働災害発生状況（社内外統計、△月発生災害の類似災害防止対策）
　２．前期作業環境測定結果（粉じん、騒音）
　３．安全衛生部門現場確認結果（産業医巡視・衛生管理者巡視を含む）と対応
　４．事業場安全衛生基準「化学物質リスクアセスメント実施基準」改正
　５．若手技術スタッフ安全衛生研修計画
　６．全国労働衛生週間行事計画
　７．ＸＸ㈱□□事業所見学報告
Ⅲ．シリーズ報告
　１．ヘルスチェックシリーズ⑮「食後の血液」（産業医）
　２．衛生管理豆知識シリーズ⑥「臭いと有害性」（衛生管理者）

(5) 委員会を意義ある場にする

　安全衛生委員会は、基本的には法令に基づき開催するのですが、折角開催するのですから、形式的なものとせず、活発な意見交換が行われる場にしたいものです。このためには、意見交換ができる材料が必要です。例えば、規程の作成に関して付議する場合も、作成の理由や関連するデータを提供すれば、より深い検討ができます。健康診断の結果報告でも、事業場内の単年度のデータとしてだけでなく、経年推移とか解析結果、社内他事業場との比較とか、国内の産業界の情報を付して資料とすると、健康保持増進のあり方についてより充実した意見交換ができるでしょう。

　安全衛生管理に関しては、従業員一人ひとりがさまざまな意見を持っています。理想的なことでも非現実的で実現がむずかしいこともあります。安全衛生委員会で幅広く意見を吸い上げて議論をすることは重要ですが、衛生管理者は、着実に安全衛生水準を上げていくためにはどうしていくのかということについて、常に考えておいて、委員会で議論が拡散してしまわないようにすることが必要です。また、委員会だけが安全衛生管理に関して検討する場ではありませんので、委員からの意見は日常的に受け止めて検討できるようにしておくことも大切です。

　付議事項には当たりませんが、「健康管理の基礎知識」のようなテーマで産業医が解説したりするようなことが委員会の中で行われているケースもあります。委員会を、出席者にとっても新たな知見を得られる場とする面があってもいいでしょう。健康管理や労働衛生管理は、専門性が高い分野ですので、シリーズで簡潔に紹介すると委員の知見も深まり、委員会の活性化や現場の安全衛生管理水準

向上に結び付きます。衛生管理者も事業場の衛生管理に関連することについて、計画的に委員会で報告してみてはどうでしょうか。自分自身の勉強にもなります。

　委員会に合わせて、委員会メンバー（委員）で職場確認（委員会巡視）を行うということもよく行われています。

(6)　委員会を補強する

　委員会の付議事項は多岐にわたり、委員会で十分審議検討できないことがあるのも現実だと思います。このような場合は、委員会に下部組織を設けて、別途に調査審議することがあってもいいでしょう。下部組織を設ける場合は、常設組織とする場合と、必要に応じて臨時で設ける場合があります。事業場の状況に応じて考えてみてください。

　事業場の委員会に加えて、職場単位で安全衛生会議を設けることもよく行われています。名称はさまざまですが、例えば、部安全衛生委員会、課安全衛生委員会、係（職場）安全衛生会議などがこれにあたります。大きな事業場などでは、事業場としての安全衛生管理を徹底する場として必要ですし、それぞれの組織（部、課など）で主体的な安全衛生活動を検討する場としても必要でしょう。

　前述しましたが、事業場の規模によっては、事業場の安全衛生部門と各職場（部・課など）が連携を取って実効の上がる安全衛生管理を行うための会議体も必要になります。安全衛生部門と各職場の安全衛生管理担当や責任者をメンバーにすることになります。事業場の安全衛生委員会として調査審議したことの周知や、事業場の安全衛生管理施策の検討などが議題になります。

　事業内容によっては、事業場関連のグループ会社（関係会社）や

協力会社またはその代表と一緒の会議体もあってもいいでしょう。また、法令に基づく委員会だけでなく、安全衛生管理を円滑に進めるために会議体を設けることは事業場としての判断です。自主的に設ける会議体は、必ずしも安全衛生委員会の下部組織として紐付けしておく必要はありませんが、恒常的なものであれば事業場規程などに位置付けを明記しておくと運営もしやすくなります。

2. 安全衛生活動の企画

　安全衛生管理は、事業場としての管理に加えて日常的な活動が大切です。法令対応や事件・事故対応に終始してはいないでしょうか。事業場の実態をよく見極めて、その上で、安全衛生水準を高めていくという視点で、事業場としての活動を企画することが必要です。

(1) 企画の考え方

　事業場の安全衛生活動には、企画として整理が必要となります。安全衛生水準を向上させるという視点で確認しておきたいことがあります。

ア．企画の動機と視点

　何を求めて企画をするのかについて、明確にしておくことがまず必要です。どのような状態を創り出したいのか、実効を上げる見込みがあるか、といった点をしっかりと押さえて、展望を持って企画することが大切です。

① 法（改正）への対応

　法令に従うことは当然ですが、「従う」ことが目的ではないと思います。法令に対応することを、職場の状態をよくするという最終の目的に結び付けるように企画したいものです。この視点を外すと、対外的に形を整えるための取り組みで、業務の負担が増すだけとの従業員の認識につながってしまう可能性もあります。

② 事件・事故への対応

　労働災害等が発生した後の類似災害・事故防止の取り組みは、不可欠です。労働基準監督署等の指導を受けての改善も同じです。この時に大切なことは、直接的な原因に対する対処は当然のこととして、これを契機として活かし、全体の水準を上げることに結び付けることです。稀にしか起きないことに対して、同じ対策を他職場に求める時に、「自分たちはキチンと対応しているのに、なぜ自分たちが取り組まなければならないのか」などといった見方に結び付かないようにすることが必要です。

　一方、組織としての姿勢を示すために実施することもあります。災害発生後の巡視の強化など、実効は一過性でも、やらなければならないこともあります。組織の内外から「真剣度」の尺度として見られる面もあります。このような対応であっても、一過性でない成果に結び付けることができるようにしたいものです。

③　先行施策等の導入

　「他社や他事業場がやっているから」ということが動機になることもあるかもしれません。先行事例に学ぶことはとても大切なことですが、事業場に合った形での企画として実施に結び付けるようにすることが大切です。

④　衛生管理者自身の発案

　もっとも大切にしたいところですが、経営者と従業員の考え方や思いも知り、安全衛生に関する知識・知見も持つ人が、第一線の状況も踏まえて、より良い状態を創り出していく「先取り」の施策として企画してください。

イ．企画に当たっての確認
　① 背景の整理

　　どこに課題を見出して企画するのかを整理した上で、まず事業場内外の状態を対比して課題をクローズアップさせます。時系列に取り上げないと本当の課題が見えてこないこともあります。この時に気を付けたいことが、信頼性の低い（代表性の低い）データを取り上げないようにすることです。ここを間違えると、実効の上がらない施策になってしまう可能性があります。

　　なお、事業場外のデータとの対比は説得力を強めます。比較することにより、問題点だけでなく、優れた点が明らかになり、さらに向上させるべきだという考えにつながることもあります。

> ＜取り上げるデータの対象範囲例＞
> 組織内（自社）、他組織（他社）、業界、全国など
> ＜取り上げるデータの例＞
> 災害統計、災害分析、設備事故統計、交通事故統計、作業環境測定結果、健康診断結果、私傷病統計、医療費、アンケート結果、○○実施率、職場巡視の解析など

　② 一貫性の確認

　　会社方針、事業場安全衛生方針、事業場規程、事業場の他の施策などとの整合性を整理しておくことも大切です。事業場の実態（対応力、要員、予算など）に見合わないことや、組織風土に合わないことは実効を上げることがむずかしいでしょう。過去から現在に至るまで取り組んできた施策などとの関係も整理しておく必要があります。過去の成果や教訓を活かすとともに、成果達成を焦って屋上屋を重ねたりしないようにします。実行する側（各

職場など）の負担も考えておく必要があります。

　また、活動の企画は、組織の課題に合ったものでなければ、実効は上がりません。他社やテキストに書かれていることなども参考にしながら、実際に職場等で実施できるのか、効果としてどのようなことを展望し、そこにどのようにたどり着くのかを企画の段階で考える必要があります。職場第一線の人たちが自分たちの安全と健康のために有意義な活動だと感じられることが不可欠です。

③　推進力の考慮と調整

　活動の内容によりますが、現場での活動を伴う場合は、事業場トップから現場第一線の人たちまでが推進力となります。何を（誰を）推進力にするのか想定しておきます。「現場第一線の人たちの納得感をベースに考えて時間をかけて定着させる」のか、「職制を通しての指導で徹底する」のか、「事業場トップからの鶴の一声を強制力とする（あまりお勧めしません、バックアップと考えるといいでしょう）」のかなど、大まかでいいので想定しておくといいでしょう。ただし、実際には、複合的に、かつ柔軟に状況に応じて推進していくことになることが多いと思います。

　業界団体などの外部団体の動きを梃（てこ）にして事業場内の取り組みを推進することも考えられます。このような時でも、事業場の安全衛生水準を高められるように事業場に合った推進の仕方を考えて実施することが不可欠です。

④　対象を想定する

　安全衛生活動の企画は、事業場内の従業員のみを対象にすることがよくありますが、ともに働く人たち（協力会社従業員、納品業者など）への展開についても忘れず考えておくことが必要です。協力会社などへは、適用時期を遅らせての展開という選択もあり

ますし、事業内での展開後の状況を確認してからの展開という選択もあります。

⑤　自由度の想定

　安全衛生活動は、対象となる現場第一線の人たちが、自分たちで工夫して取り組むことができるようにすることが、実効を上げるために必要です。人が取り組む限り、そこに創造性がなければ、積極性も生まれないでしょう。自由度のない取り組みは形骸化しやすい面があります。

⑥　評価の指標

　企画した安全衛生活動が「目指すところにたどり着いているのか否か」「どの程度進捗しているのか」について評価して次のアクションに結び付けることも必要です。すぐに評価できないこともありますし、数値で評価できないこともありますが、何らかの形で評価できるようにしておくことが、活動の活性化に結び付きます。

⑦　コストパフォーマンス

　人（推進者、対象者）と金（予算）の負担は当然考えておかなければなりません。企画を実行して成果を上げるためには、時間が掛かります。時間は人件費と置き換えることもできます。もう少し大げさに言えば、取り組む人の人生の一部と考えることもできます。いずれにしろ、投入するエネルギーやコストに見合う成果に結び付けるように企画したいものです。もちろん、安全衛生関係の施策の成果は金銭だけで表すことができないところもあります。

　なお、予算は、計画に沿うことが原則ですが、期中に変更することが必要なこともあります。すべてが計画通りに行くとは限りません。ただし、期中の変更をするためにはそれなりの納得感の

ある理由が必要となることは言うまでもありません。

⑧ 実効性の確認

　実効の上がる企画かどうかは、安全衛生活動に関する施策を提示される立場に立ってみて、意義を感じて、「積極的に取り組もうという気持ちになるか」という点を自己チェックしてみるとだいたいわかります。自分自身で「面白い」「役に立つ」と思えるかどうかだと言い換えることもできるでしょう。

　頭の中で企画の概略ができあがったら、画（図）などにしてみてください。画にすることができれば、他の人にも理解しやすくなります。精緻に画くというよりも、さまざまな動き（施策）との主な連関を含めて全体像がわかるようにした方がいい場合もありますし、要点だけを画で示すことで十分な場合もあります。もちろん、画などにしなくても容易に理解されることもあるでしょう。

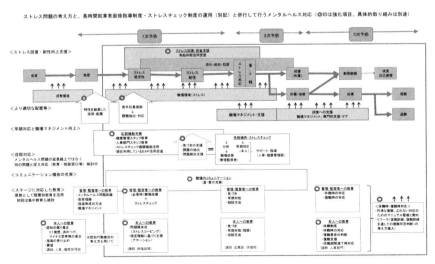

2. 安全衛生活動の企画

ウ．事業場活動の企画書・解説書等

　さまざまな安全衛生活動が展開されていながら、企画書や解説書がないケースがあります。安全衛生活動は、開始する時は盛り上がりを見せても、時間とともに形骸化したり、知らず知らずのうちに消えていくことはないでしょうか。企画書・解説書を作っておけば、時間が経過しても安全衛生活動を安定的に進めることができます。企画を見直す時にも、ベースとして必要になります。

エ．企画の実行

　意義のあることであっても、タイミングが悪いとうまく実現できないことがあります。タイミングを活かすためには、予め企画を準備しておかなければできません。温めておくといってもいいでしょう。状況に応じて繰り出せる多様な持ち駒を持っておきたいものです。このためには、日頃から幅広く頭の体操をしておくことが欠かせません。タイミングは納得感にもつながります。

オ．フォローと見直し

　企画した安全衛生活動を始めたら、フォローも大切です。うまく実施できない、実効が上がらない、実効の上がる様子がないといったことも現実にはあると思います。企画そのものに不十分な点があれば、見直すことが不可欠です。また、目標が達成できていないからといって止めるとなると、これもむずかしい判断になりますが、実効が上がらないのに負荷だけをかけ続けるようなことになっていれば、思い切って中止した方がいいでしょう。見直しや中止の仕方にも納得感が必要です。

(2) 職場活動としての取り組み

ア．取り組む課題

　衛生管理は、事業場単位で実施することもあれば、日々の管理や活動のように職場で実施しなければならないこともあります。作業

表Ⅱ-3　代表的な職場活動の例

タイミング	活動項目
始業時	健康確認
	職場体操
	ミーティング
作業前	危険予知（手順確認）
	保護具確認・点検
	測定器確認・点検
	作業環境対策設備作動確認
	工具類確認・点検
作業終了時	保護具清掃・保管
	工具整備・保管
終業時	ミーティング
定期	定期自主検査（局排等）
	非常用保護具着用訓練・点検
	救急用具・脱出装置点検
	有害要因管理状況チェック
	事業場規程・基準勉強会
	個人健康づくり活動評価
	体力測定
	出前健康教育受講
	安全行動自己評価
不定期	職場安全衛生改善活動
	類似事故防止災害検討会

を行う時に必要な対策等に加え、作業前の設備・機器や保護具の点検・整備などがあります。職場の組織（部、課、係など）単位で自主的に取り組む安全衛生改善活動や健康保持増進活動もあるでしょう。

イ．職場活動を支える

　安全衛生活動に限りませんが、「誰も関心を示さない」「誰も評価してくれない」ことに対しては、力が入らないという現実があります。「安全衛生はすべてに優先する」のだからと言っても、現実が付いてこないことになりかねません。職場の安全衛生活動もその職場の管理者や安全衛生部門、総括安全衛生管理者等の事業場幹部が関心を示し、活動していることに対して前向きな評価をすることが活動の質を高め、実効を上げることにつながります。衛生管理者は、このような視点を持って、衛生管理に関する職場活動を促す仕組み・仕掛けを考えてみてください。一番簡単にできることは、衛生管理者が職場に出向いた時に、職場の活動について説明してもらうことです。指導するということではなく、聞くだけでも十分効果があります。課題を共有して支援に結び付けたり、職場のさらに前向きな取り組みに関して気付きを促すことに結び付くでしょう。

ウ．作業基準書の整備と活用

　作業基準書（作業標準）を衛生管理者が自分で作ることは少ないと思いますが、承認する立場だったり、現場第一線に作成を求める立場だったりすることがあります。
　労働衛生管理面で必要なことも、作業基準書に反映しなければならないことは当然ですが、どのように記載され、実際の作業に活かされているでしょうか。例えば、保護具を装着することについて記

載されていても、使用前の点検やフィッティングチェックについては注記してあるでしょうか。細部は別に決めているとしても、実際の作業の手順の中で確認すべきことは簡潔に記載しておくことが必要です。

　作業開始時に作業環境中の有害物（硫化水素、一酸化炭素など）の濃度や酸素濃度を測定する必要がある場合は、急性中毒など命に関わることですので、詳細に作業基準書に記載しておくべきです。測定者の安全（有害なおそれのある場所に立ち入って測定しない、保護具を装着して測定するなど）、一人作業（測定）の禁止、測定位置（位置や考え方を特定するとともに、その他状況に応じて追加で測定することも必要です）、測定結果の判断基準、測定結果を踏まえた作業方法の決定、作業中の継続監視、安全対策（二重遮断など）の確認など、作業前の安全確認と作業中の安全確保の方法について具体的に記載しておきます。「〇〇を測定する」などといった記載では不十分です。測定について別に作業基準書を作成して、紐付けしておく方法もあります。

　安全衛生面に限りませんが、作業中の異常事態発生時の対応についても、作業の中止、退避、関係先への連絡、対応措置など、作業内容のリスクに応じて、作業基準書に記載しておくことも必要です。

　一方、作業基準書は、実際に利用する立場からすれば、精緻であればいいということでもありません。人が作業を行う限り、作業のやり方には幅が出てきまますし、作業を行う条件（前後や周辺の状況・環境、求められる処理速度、本人の状態など）にも変化があります。安全衛生上重要なことを明記しておくことは重要ですが、実際の作業は複雑で、作業基準書に作業のすべて（すべての手順など）を記載することはほとんど不可能です。完璧な作業基準書を作ると膨大なものになり、現実的には作成することも使用することもでき

2. 安全衛生活動の企画

ないでしょう。作業基準書に記載されている手順の行間にも注意が必要です。「作業基準がすべて」ではないことを直視して、職場を管理する管理監督者に、このような視点についての教育を行っておくことが大切です。職場での作業基準書を用いた従業員の訓練や教育の時などに、明記されていないことがあっても安全な行動をするように指導することも必要です。

　作業基準書は、使われなければ意味がありません。作業前の打合せで危険予知をする時に用いるような制度を持っておくといいでしょう。このような時に作業基準書の記載が不十分なことに気付くかもしれませんし、作業後に気付くかもしれません。このような利用の都度、不適切なところがあれば見直すという習慣も付けておきたいものです。もちろん、定期的に内容を確認して、必要であれば見直すということも必要です。

エ．職場衛生管理チェックリストの整備

　職場の衛生管理状態を各職場の管理監督者が自ら確認できるようなチェックリストを整備しておくと、安全衛生水準向上につながります。特に有害業務がある場合は、有害要因ごとに管理すべきことを列挙して実施状況を確認できるチェックリストにしておきます。各職場がチェックリストに基づいて管理状態をチェックするような制度を作って、職場の自主的な安全衛生活動を促すこともできます。

> **表Ⅱ-4　職場衛生管理チェックリストで取り上げる項目の例**
> 1　粉じん作業　　2　酸・アルカリ取扱い作業　　3　特定化学設備
> 4　有機溶剤取扱い作業　　5　毒物劇物取扱い作業
> 6　局所排気装置　　7　酸欠作業　　8　騒音作業
> 9　重量物取扱い作業　　10　暑熱作業　　11　VDT作業
> 12　呼吸用保護具　　13　詰所・休憩室

オ．改善活動の支援

　職場の自主的な安全衛生改善を促す仕組みはあるでしょうか。職場の課題に対して、細部の問題まで衛生管理者が取り組むことはとても大変です。実際の仕事を行い、課題を熟知している職場第一線の従業員が、積極的に安全衛生水準向上のために改善を進められるような制度があるといいと思います。

　職場の改善活動を推進するには、「改善内容や改善方法の相談に乗る」「改善の視点を提供する」「改善事例を紹介する」「いい改善に対しては表彰する」などの安全衛生部門のサポートが必要です。あわせて、職場が良かれと思って実施した改善がかえってトラブルの原因になる可能性もありますので、このようなことが生じないようにするためのチェックの仕組みも必要です。

(3)　安全活動等と一体で取り組む

　衛生活動は衛生管理者が主導し、安全活動は安全部門が、防災活動は防災部門がというようなことになっては、各職場の負荷は大きくなります。取り組み方に違いがあったりすると職場が混乱しかねません。関連のあることについては、関係部門と協力して、各職場

が取り組みやすく、全体として成果が出るようにすべきでしょう。

(4) 旗振り役を決める

　安全衛生活動に取り組む場合は、職場でリードする人が必要です。安全衛生活動をリードする人であることがわかる名称があるといいでしょう。本人の自覚も高まりますし、職場の従業員も安全衛生のリーダーとして頼りにすることで、活動が円滑に進みます。職場安全衛生「担当者」ではなく、「〇〇リーダー」「〇〇推進責任者」「〇〇コーディネーター」などはどうでしょうか。もちろん管理者や監督者がこの役割を果たすということも考えられます。

3. 安全衛生水準向上の視点

　各職場の的確な安全衛生活動を支えるとともに、事業場の安全衛生水準を高めていくための視点やベースとなることを整理しました。体制や教育に関することは別の章で取り上げています。

(1) 安全衛生方針

　大半の事業場で安全衛生方針を定めていると思います。もし、未制定であれば、事業場の安全衛生水準を上げていくための原点として不可欠ですので、制定してください。制定する時に確認しておきたいことは、その方針が事業場の実態に見合ったものとなっていて、事業場従業員にとっても納得感のあるものかどうかということです。安全衛生方針は、対外的な理由で制定することもありますが、実態と離れ、従業員がよそ事と受け止めてしまうような方針は、実際の安全衛生管理を向上させることにはつながりません。見かけの良さよりも、経営者や事業所長の安全衛生に対する思いを表現し、その方針に沿って現実を動かしていくことができるような方針にしておきましょう。基本的な安全衛生管理の考え方に加えて、目指す姿・あるべき姿を示し、そこに向かって過程を着実に踏んでいくという内容も必要です。事業場全関係者の業務の方向付けを行うことになります。

　もし、方針の変更が必要だと感じるようなことがあれば、関係者と議論し、提案するようにしましょう。変更が必要だからと言って直ぐに変える必要もありませんので、タイミングを見計らって変更

するようにします。タイミングとしては、年始、年度初め、全国安全週間、全国衛生週間などの安全衛生管理の節目が想定されます。万一、事故・事件が起きてしまい安全衛生管理をより充実させることが必要になった時には、これも一つのタイミングになります。

(2) マネジメントシステムとして取り組む

安全衛生管理は、さまざまな課題に対応することになります。これらの対応をマネジメントシステムとして体系的に運用して継続的に安全衛生水準を上げることも必要です。

ア．システムの確認

安全衛生担当者（衛生管理者など）や経営者が代わっても、継続的に安全衛生水準を高めていくためには、システム的にPDCA（Plan – Do – Check – Act）サイクルを回して安全衛生管理に取り組むことが必要です。このシステム的な取り組みが、労働安全衛生マネジメントシステム（OSHMS：Occupational Safety & Health Management System、海外ではOHSMSとされていることもある）と呼ばれていることは周知の通りです。日本では、労働安全衛生規則にもその位置付けが明記されており、「労働安全衛生マネジメントシステムに関する指針」（厚生労働省告示、OSHMS指針などと略称することもある）が公表されており、JIS（ISO 45001）の規格にもなります。OSHMS指針やJIS（ISO 45001）をよく読み込んでみると、気付きがあり、事業場のOSHMSの的確な構築やレベルアップにつながるだけでなく、安全衛生水準向上のヒントが得られます。

イ．安全衛生目標・安全衛生計画の意義

　事業場としての安全衛生目標には「事業場全体として大きな網を掛けて全体の水準を向上（維持）させる」ためのもの、「特定の課題に重点的に取り組んで改善する」ためのものがあります。事業場の安全衛生目標は、各職場の安全衛生目標設定につながるということも考えておく必要があります。

　また、安全衛生方針に沿って、着実に前進していくための実現可能な安全衛生目標でなければ、OSHMSの取り組み自身の形骸化につながるおそれがあります。いずれにしろ、実効の上がる安全衛生目標・計画とするためには、職場の状況を直視し、実力を見極めて設定することが不可欠です。なお、安全衛生目標に「人の注意力に頼らない方策」（機械安全（Ⅲ編－1(1)参照）の考え方によるなど）を進めることが具体的に織り込まれることが、安全衛生水準を上げるためには欠かせません。生産性や事業の安定性を向上させる観点から、結果として安全衛生水準向上に結び付くことも安全衛生目標になります。

　安全衛生目標として到達目標と実施目標を設定することが望ましいとの考え方があります。到達目標は到達点、実施目標は到達点にたどり着くための手段(施策)の量と理解すればわかりやすいでしょう。

　OSHMSにおける安全衛生計画は、安全衛生目標に向かって実施する施策の計画です。安全衛生計画は個々の安全衛生目標実現に向けての個々のステップを時系列に示すものと言ってもいいでしょう。安全衛生方針、安全衛生目標、安全衛生計画については、全体の関係を画にしてみると関係者の理解を促し、より実りのある結果に結び付きます。なお、OSHMSは年単位のPDCAサイクルが基本となりますが、中長期的な視点で取り組むべきこともあり、その場

合は年単位に区切って目標と計画を設定することになります。行事（○○大会、○○発表会、○○長巡視など）も安全文化を醸成し、支える上で必要なものですし、事業場の計画として欠かせませんが、主催する部門の中でPDCAサイクルを回して効果的な行事運営を行えばいいものが大半です。職場を含めた安全衛生活動で安全衛生水準を上げていく取り組みとは分けて考えた方がいいでしょう。

　各職場では、事業場としての安全衛生目標と安全衛生計画を踏まえて、あるいは独自の課題への対応として目標と計画を策定することになります。

　なお、安全衛生目標や安全衛生計画は、すべてを事業場内でオープンにする必要はないと思います。安全衛生部門が主体となって、事業場の安全衛生水準を上げるために取り組む場合です。投資計画や体制強化計画などは、オープンにしない方がいいこともあるでしょう。

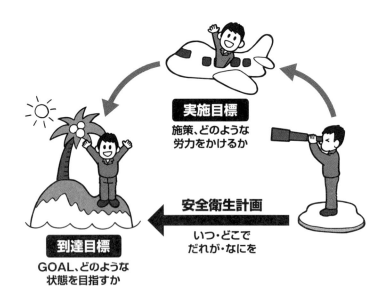

ウ．文書等を整備する

　規程・基準については、次項に記載しましたので、そちらで確かめてください。OSHMSとして安全衛生管理を進める土台として規程・基準は欠かせません。安全衛生管理をスパイラルアップさせるために、取り組んだ結果を記録し、次に活かすことも必要です。

エ．実績を評価する

　取り組んだ実績を評価して、さらなる向上につなげることになります。評価する時に気を付けたいことは、形式的に評価して「評価のための評価」で終わらせないことです。安全衛生水準を上げる（スパイラルアップに結び付ける）という意図を持って評価することが大切です。評価することにより、評価の対象である目標や計画が不適切だったことに気付くこともあるはずです。このようなことを含めて、次の目標や計画の策定、あるいはシステムの見直しに繋げることになります。

オ．スパイラルアップ

　OSHMSは安全衛生水準向上への取り組みです。言い換えると、OSHMSの本質はスパイラルアップにあります。改善する余地が大きければ大きいほどスパイラルアップする余地が大きく、裏返して言えば、「アップ」する余地が少ないと考えると取り組む意義が見出しにくいことになります。維持させることがあってもいいですし、労働災害の面だけに限定せずに、心身の負荷の軽減（働きやすい状態）も視野に入れておけば、「アップ」する余地は広がります。なお、スパイラルアップさせるのは安全衛生水準であって、短期的成果ではなく、中長期的に見ての有効性という視点がいります。

　OSHMSの運用は、衛生管理者などの安全衛生部門はもとより、

事業場関係者がOSHMSの仕組みを活かすことで、事業場の安全衛生水準を高めていくという意識を持って取り組むことが何よりも大切です。特に安全衛生部門がこのような思いを持っていなければ、書類を作る負荷だけが増えたなどといったことにもなりかねません。OSHMSの形を整えることが自己目的化しないようにしましょう。

　衛生管理者は、システム監査員（内部監査員）としての役割を果たすことも多いと思います。OSHMSを安全衛生水準の向上に活かすという気持ちを前面に出して監査することが大切です。OSHMSの成否を決めると言ってもいいと思います。

カ．認証・認定

　OSHMSに関する認証・認定を受ける理由は、大きく分ければ2つでしょう。「取引先などの外部からの要請に応える」ことと「第三者の目を活かして安全衛生水準を高める」ことです。前者の場合であっても安全衛生部門としては、安全衛生水準を高めていく好機として、認証・認定をうまく活かしていくという考え方が必要です。形式的に認証・認定に対応することになれば、事業場の安全衛生管理を形骸化させることにつながりかねません。

　なお、認定・認証機関（審査員）に対しても受け身になるのではなく、OSHMS指針や規格に沿って事業場の安全衛生水準を向上させるために積極的に対応するようにしたいと思います。

(3)　規程・基準を整備する

　事業場規模の大小にかかわらず、安全衛生管理の根拠となる基本的な文書として規程・基準は重要です。何を規程・基準とするかに

ついては、組織としての考え方もあり、一律に決めつけることはできませんが、組織運営上最低限必要なことと、先々まで安全衛生の規範とすることは、規程・基準として決めておくといいでしょう。規程・基準といっても、経営から職場第一線の一人ひとりまでを対象とするものから、安全衛生部門だけを対象とする内規のようなものまであります。

　規程・基準は、できれば書式を決めて、体系的に整備することが望まれます。もし、規程・基準が整備されていなければ、順次整備していってください。

　安全衛生管理の場合、法令等で具体的な対応が示されていることも多く、必ずしも規程・基準とする必要はないこともありますが、安全衛生管理（施策など）を進める時のベースとして、規程・基準を整備してください。安全衛生管理の施策は、開始時に周知したことでも、時間が経てば忘れられてしまいます。規程・基準という形で文章にしておけば、安全衛生管理の基本となり、安定的に安全衛生水準を高めていくことになります。安全衛生部門の担当者の立場から言えば、次に残る仕事をするということにもなります。規程・基準は法令の丸写しではなく、事業場の組織や業務にあわせた内容や表現にして、従業員が自分たちのことだと受け止められるようにしておくことが必要です。

　なお、規程・基準を作っただけでは、周知されるとは限りませんし、実態を変えることに直ぐにつながるわけでもありません。規程・基準を活かしながら、こだわりを持って、周知させ、職場の安全衛生水準を上げていく継続的な努力も必要です。安全衛生部門が規程・基準を大切にすれば、職場第一線でも大切なものとして定着し、安全衛生管理のより所となっていきます。

　規程・基準は、安全衛生教育を行う時の教材にもなりますし、各

職場内での勉強会の資料にもなり、教育を通して安全衛生水準を高めていくことにもつながります。

　規程・基準の制定・改廃は安全衛生委員会の付議事項になりますので、忘れないようにしましょう。

　規程・基準に類するものとして要領（マニュアル、安全衛生部門内手続きを記載した制度運用の手順書）があります。安全衛生関係

表Ⅱ-5　事業場安全衛生規程・基準の体系例

分類	名称
基本共通	事業場安全衛生基本規程
	安全衛生マネジメントシステム運用規程
	安全衛生管理体制規程
	安全衛生会議規程
	安全衛生教育実施基準
	職場安全衛生活動推進基準
	事故・災害・疾病発生時の対応基準
	安全衛生関係統計整備基準
	安全衛生表彰基準
健康管理	職場健康管理実施基準
	特殊健康診断対象者選定基準
リスクアセスメント	設備・作業の危険有害性調査措置基準
	化学物質リスクアセスメント基準
設備安全衛生管理	設備新設改造時の審査基準
	作業環境対策設備管理基準
作業安全管理	・・・・
	・・・・
作業衛生管理	熱中症予防対策基準
	重量物取扱基準
	化学物質取扱基本基準
	保護具管理基準
	・・・・

の業務では、さまざまな記録・報告が求められたり、管理上の手続きが必要となったりします。このような業務の進め方は、必要の都度引き継がれていくということになりますが、明文化しておくと便利です。効率的な安全衛生管理のためにも整備しておくといいでしょう。

　規程・基準や要領は永久不変のものなどはありませんので、安全衛生管理の内容とともに規程・基準や要領もスパイラルアップ（PDCAサイクルを回しての継続的なレベルアップ）を図るようにしてください。一方で、規程・基準や要領がメンテナンスされなければ、基礎がぐらつき、より高い水準の安全と健康を築き上げていくことがむずかしくなってくるでしょう。実態に合った内容になっていなければ、安全衛生管理の形骸化に結び付きます。

　規程・基準や要領を先々も利用され安全衛生管理の基盤とするためには、利用しやすくしておくことも大切です。体系化して、誰でも容易に検索できるように整理しておく必要があります。規程・基準や要領は、ファイルして各職場に置いておくことがいいと思いますが、電子データ化して事業場内イントラネットなどで確認できるようにしておく方法もあります。事業場の状況に応じて、どのような形で開示するのがいいか決めることになります。要領は、規程・基準とは別に安全衛生関係手続集のようなまとめ方をする方法もあります。

(4)　データを活用する

　衛生管理関係の統計データを整理したり、活用したりすることがあります。データを施策の根拠とすることも必要です。なお、安全衛生関係のデータに限りませんが、統計データは整理の仕方や解釈

によって、課題を正確に抽出できることもあれば、誤った判断に結び付くこともあります。よく統計の意味を考えて判断してください。一方で、施策を推進するために意図を持ってデータの整理の仕方を工夫することもあるかもしれませんが、その影響をよく考えて、誤解されて混乱を招くことがないようにしてください。

4. 職場状態の把握

　仕事の基本は、「現場・現物にある」などと言われますが、衛生管理者の仕事も「現場」が基本です。職場に出向く時の視点と現場の状態を表すデータの見方などをまとめました。現場には、必ずといっていいほど課題があり、衛生管理者として対応すべきことがあります。一方で現場の知恵から学ぶこともきっとあるでしょう。現場に出ることが楽しみになると、いい仕事にも結び付くのではないでしょうか。

(1) 衛生管理者巡視の考え方

　前述しましたが、法令（労働安全衛生規則）では、「衛生管理者は、少なくとも毎週1回作業場等を巡視し、設備、作業方法又は衛生状態に有害のおそれがある時は、直ちに、労働者の健康障害を防止するため必要な措置を講じなければならない」とされています。「有害なおそれがある」という状況を見付けて「直ちに必要な措置を講じる」というのは、なかなかむずかしそうです。「少なくとも週1回以上」の巡視を求められているのは衛生管理者だけで、過剰だと思う人もいると思います。衛生管理者になって「責任を負う」ことにはなりますが、巡視に関しては、以下のように考えればいいのではないでしょうか。

　確実に週1回以上巡視をするために曜日と時間帯を決めて現場（作業場等）に行くという方法もありますが、衛生管理者巡視などと枠をはめて考える必要はありません。現場に出向き、見たり、話

を聞いたりすることで気付きも生まれると考えましょう。

　法令が想定している巡視の主な対象は、「労働者にとって有害なおそれのある業務を行う場所」ですし、衛生管理者として重点的に確認する必要があるのもこのような作業場です。また、衛生管理者自身が仕事をしている場所（事務所など）や、トイレ、洗面所、給湯室、食堂、浴場なども「作業場等」です。第一種衛生管理者の選任義務のない事業場には、事務的業務のみの事業場もありますが、衛生管理者に求められる業務は同じです。「作業場等」をあまり限定的に考える必要はありません。

　「直ちに、必要な措置を講じる」という表現も、放置しないで「対策に結び付ける」と理解しておきます。もちろん、命に関わる問題であったり、重篤な健康影響に結び付く問題があれば「直ちに」作業を中止させ、作業方法等の見直しをしなければなりません。衛生管理者がすべての作業者のすべての作業を「監視」している訳ではありませんので、このような「直ちに」措置を取る必要がある場面にいることは稀でしょう。それよりも、管理監督者や従業員に対して、必要な知識や適切な判断基準について教育等の方法で周知させたり、作業基準書などで安全な作業方法を決めたりすることが健康障害防止につながります。ただし、極めて「有害のおそれのある業務」が行われていることがわかっているのであれば、週1回ではなく、毎日でもその業務の行われている作業場に出向いて、必要な措置を確認し、実施することも必要です。

(2)　現場確認の姿勢

　衛生管理者としての知識を活かして、あるいは責任を持って現場を見る姿勢は大切ですが、事業を支える仲間内の課題に共に対応す

るという視点を持って現場に出向いて、「現場をよくしていく」ことに結び付けられるといいと思います。

「巡視」という言葉は「巡視（指摘）する人」と「巡視（指摘）される側」の間に溝を作りかねないところがあります。「指摘」されないように、必要な安全衛生対策を徹底するというプラスの面もありますが、「指摘」されないようにその場限りの対応をして終わる可能性もあり、注意が必要です。

「指摘」しなくても、現場第一線の人や関係者の安全衛生に対する意識を引き出し、安全な状態を作っていくという考え方を持てば、意味のある「巡視」をすることができるのではないでしょうか。「指摘しなければ」という意識は、現場第一線の人たちの安全衛生に対する見方を歪める可能性があります。

衛生管理者巡視の目的は「巡視すること」ではなく、よくしていくことです。ハード面の不具合であれば、不具合を無くす（修理する、改善する）ために必要な対応を取ることになります。従業員の不適切な行動（例えば、耳栓を付けずに騒音作業をしている）が見られた場合はどうでしょうか。ともすると、指導することで終わってしまう、つまりその時限りのこととして終わってしまうことがあります。その都度の指導も大切ですが、そのような状態になぜなっているかについて考えて、気付いたことに対する事業場としての対応を考えましょう。言い換えると、現場第一線の方に問題があるのではなく、事業場としての衛生管理に課題があると考える方が、より実効の上がる対応ができます。

いずれにしろ、通常は衛生管理者が現場を確認する時間は限られていますし、その対象も限定的にならざるを得ませんので、想像力を働かせて、現場の実態をつかみ、必要な措置に結び付けることが大切です。

(3) 現場確認の方法

ア．話を聞く

　現場を確認するというのは、見るだけでなく、現場で業務を行う従業員から話を聞くということも含まれます。安全衛生に直接関係ないことを含めて現場で聞いたり、確認してください。現場第一線の仕事に関心を持って話を聞くことは、現場第一線の人たちが衛生管理者を身近に感じることにつながります。特に現場第一線の人が誇りを持って取り組んでいることは、熱心に説明してくれるはずです。これを関心を持って聞くことが安全衛生面の向上の契機にもなっていきます。

イ．測定してみる

　作業環境測定結果をデータ（報告書）で確認することが多いと思いますが、自分で測定器を使ってみると発見があります。作業環境の良否を判断するというよりも、現場の実態や環境の変化（変動）と影響の広がりを感じることができます。簡易に扱える測定器（騒音計、照度計、WBGT計、デジタル粉じん計等の簡易測定器、酸素濃度計、検知管式濃度計など）がいろいろとあります。法令による測定ではないので、使用するための資格はいりません。作業環境を見る目も、測定結果報告書を見る目も変わるでしょう。測定器が身近になければ、作業環境測定機関や都道府県産業保健総合支援センターに借用の相談をしてみる方法もあります。

　測定器ではありませんが、スモークテスターなども、現場確認の簡易で有用な小道具になり、気付きの範囲が広がることにつながります。スモークテスターは、気流の流れを目で確認することができ

るとても有用なものです。局所排気装置の性能確認はもとより、事務所などでの換気の状態などもわかります。ただし、発生する煙には刺激性がありますので、注意が必要です。

ウ．やってみる

　現場第一線の状況に気付く方法として、「やってみる」という方法があります。現場第一線では、既定の仕事の仕方に慣れて、負荷の大きいことも「当たり前のこと」として受け入れていることがあります。

- 手にとってみる…保護具、工具、部品など
- 行ってみる…作業位置、点検・段取替えの場所、設備の上・下・中・裏など
- やってみる…作業位置に立つ、座る、運ぶ、持つ、動かす、見え方の確認など
- 開けてみる…扉、保管庫、工具箱、カバーなど
- 着けてみる…保護具など

　よく取り上げられる事例として、フォークリフトや大型車の運転席に座ると死角に気付くといったことがありますが、「やってみる」ことは、現場を見る目を一段高めることになります。ただし、このような確認方法が、ケガやトラブルにつながったり、現場第一線の人が嫌がることや迷惑になるようなことは避けなければなりません。経験的に言えば、現場第一線の人は「自分の仕事を理解しようとしてくれている」と好意的に受け止めてくれることが多いと思います。職場の人に声を掛けて「やってみて」ください。

エ．想像力を発揮する

　課題を見付けたり、現場の状態をより良くしたりするためには、空間・時間の広がりを持った想像力（感性ということもできるかもしれません）がいるでしょう。「想像すること」は「現場第一線の人がどのような状況の中で仕事をするのか（することになるのか）」を考えるということです。「痕跡から想像する」などのことも視点として重要です。例えば「粉じんが堆積したり、油で汚れたりしている」状態があれば、「なぜ汚れるのか」などといった見方をしてみましょう。扉があれば「どのように開けるのか・閉めるのか」「開け閉めすることによって環境は変わるか」「扉を通る時に危険はないか」「緊急の時にはどうなるか」「開け閉めしやすいか」などいろいろなことを想定して考えてみると目の前に見えている以上のことが見えてきます。

　目の前にある設備や状態から非定常の作業を想像して確認することも大切です。この設備は、「どうやって点検するのだろう」「段取り替えの時にはどんな姿勢でするのだろう」「どんな工具を使って捕修するのだろう」「この汚れ（堆積した粉じんや付着した汚れなども）はどうやって除去するのだろう」などと考えながら現場を見ましょう。

　意外に気付きにくいのが「仕事のしやすさ」や「見やすさ」の問題です。安全衛生管理の視点で重要なことの一つに、実際に仕事をする人の立場に立って考えるということがあります。「この姿勢であれば腕が動かしにくいな」とか、「反射する光で見にくそうだ」とかいう視点です。作業環境の負荷もあります。このような視点での質問やアドバイスは、現場第一線の人たちと衛生管理者の距離をぐっと近づけ、衛生管理施策の実効性を高めることにつながります。事務所でも負荷の大きな状態で仕事をしている人がいるはずです。

オ．見えないところに目を付ける

　目に付きにくい場所や時間帯に、危険な場所や有害な環境や負荷の大きい作業など安全衛生上の課題が残っている可能性はないでしょうか。主要な作業が行われる現場を見ることは欠かせませんが、「裏側」にも気を付けることが必要です。ただし、直接把握できることは、時間的にも空間的にも限定されます。これを補うのは、前述した想像力に加え、現場第一線の人たちとの場合を含めた幅広い意味でのコミュニケーションでしょう。職場を預かる管理監督者や現場第一線の人たちにも声を掛けて、困っていることや大変な作業について聞いてみてください。共に課題を解決していく姿勢があれば、いろいろと教えてくれたり、相談されたりして課題の解決にもつながります。

(4) 物（状態）や場所などの確認

　全貌をつかむことも大切だと考えます。有害要因があるのであれば、それに関わるすべての物や場所について把握しておくことが欠かせません。
　例えば、事業場で使用している化学物質、設置されている局所排気装置、全体換気装置、酸素欠乏危険場所、特定化学設備、振動工具、保護具、給食関連設備などがあげられます。衛生管理者になったら、自分の目でこれらの物・場所を時間が掛かっても順次確認しましょう。できるだけ精緻に（隅から隅まで）、全数対象に確認しておきます。有害な要因に対する総合的で的確な衛生管理を行うことに結び付きます。
　また、現場には安全衛生管理に関係する物がたくさんあります。保護具、検知警報器、表示、作業基準書、救護用品（救急箱や担架、AEDなど）などです。これらの物を見る時に、一番重要な視点は「実際に役に立つ」かということです。性能が正しく発揮できない保護具や検知警報器は危険です。目に入らない標識は意味がありませんし、現実離れした作業基準書は使われません。もし、役に立っていない、役に立ちそうに無いものを見付けたら、職場の従業員によく話を聞いて、どのようにすべきか衛生管理者として判断してください。なお、衛生管理者は、衛生関連の保護具や機器などについて最新の情報を得て、衛生管理向上に結び付けることも重要な役割です。このような情報を現場で活かすかどうかについても、現場の状態を見て判断することが必要です。

⑸　作業環境測定結果などの見方

　作業環境測定法で定められた指定作業場については、作業環境測定士が作業環境測定を行う必要があります。実際には、作業環境測定機関などに依頼（外注）することが多いと思います。この場合、作業環境測定士も作業環境測定機関も、作業環境測定法に基づく資格や登録が必要です。

　法令で作業環境測定士などの有資格者が実施することは決まっていませんが、騒音などの測定を依頼している場合もあります。指定作業場以外の作業環境測定についても、労働安全衛生法施行令（第21条）で「作業環境測定を行うべき作業場」は、作業環境測定基準（厚生労働省告示）に従って測定を行うことになります。事務的な業務を行う事業場でも事務所衛生基準規則や建築物における衛生的環境の確保に関する法律（建築物衛生法、通称：ビル管法）に規定された測定を行うことが必要です。

　測定結果の評価は、指定作業場の場合は、作業環境評価基準（厚生労働省告示）に基づいて行われます。騒音の場合は、「騒音障害防止のためのガイドライン」（厚生労働省通達）に沿って評価されることが大半です。事務所環境の測定は、法令に規定された環境基準を満足しているかで評価されることになります。

　衛生管理者は作業環境測定の結果を確認する立場にあります。作業環境測定機関などに依頼する時は、衛生管理者が窓口になっていることも多いと思います。作業環境測定に関して、衛生管理者として知っておいてほしいことを整理しました。

ア．指定作業場以外の測定

　法令で定められた作業環境測定の対象以外にも、作業環境測定を行った方がいい作業場があるかもしれません。指定作業場の測定は、法令で作業環境対策が必要とされていて、この対策がうまく機能しているか、機能が維持されているかを確認するという性格があります。指定作業場以外でも、衛生管理上、作業環境の確認が必要な職場については、適切な作業環境になっているかの確認手段として自主的に作業環境測定を実施することも大切です。化学物質リスクアセスメントの一環としての作業環境測定も同じです。作業環境対策の方法を検討するために測定を行った方がいい場合もあります。

イ．変動に対する認識

　作業環境の状態は変動します。季節変動や日間変動もありますし、時々刻々大きく変動することもあります。指定作業場の作業環境測定結果の評価は、この変動も踏まえた上で、統計的な手法で実施されます。ただし、変動の幅が大きい場合などで、定期の作業環境測定だけでは十分に作業環境の状態が把握（従業員への健康影響が推定）できないことがあることを頭に入れておきましょう。

　作業環境測定の結果は、サンプリング時のタイミングによって大きく変わります。測定対象の発生状況の変化によるだけでなく、局所排気装置などの作業環境対策の状態、作業場の気流、操業条件などによっても変化します。作業環境測定機関に測定を依頼している場合などは、測定実施日時を予め決めて測定せざるを得ないことが多いと思いますので、特に注意が必要です。作業環境測定機関に測定を依頼する場合は、サンプリング時に衛生管理者等が立ち会うことが望まれます。もし、立ち会えなかった場合は、測定結果の報告を受ける時にサンプリング時の状況についてもよく確認しましょ

う。作業環境測定結果の見方として、測定値と評価値の前回測定時からの変化や経年変化の確認も大切です。衛生管理者としては、日頃から自分の目で作業環境の状態を把握した上で、測定結果を見るようにすることも欠かせません。

　なお、作業環境測定を行っている時に、作業場に何らかの異常(いつもと違う作業環境の状態)があった場合は、直ぐに報告するように作業環境測定機関に依頼しておくことも必要です。

ウ．個人ばく露測定

　法令で定められた作業環境測定は、基本的には作業場という空間の測定(「場の測定」といいます)です。「場」ではなく、作業従事者に着目して有害物へのばく露の程度を調べる方法に個人ばく露測定があります。海外では、個人ばく露測定を中心に作業環境管理をしている国もあります。日本では、屋外作業場の作業環境については「屋外作業場等における作業環境管理に関するガイドライン」(厚生労働省通達)の中で個人サンプラーを用いて測定(個人ばく露測定)を行うことが必要だとされています。屋外に限らず、個人ばく露測定が有用な情報を得られる手段となることがあります。必要性を感じた時には、実施してみてください。ただし、一般的に個人ばく露測定は、サンプラーを従業員が装着して作業を行うなどの面で種々の制約がありますので、実施してみようと考える場合は作業環境測定機関などに相談してみてください。

エ．簡易な測定等への変更

　指定作業場の作業環境測定結果が良好な状態が継続した(第一管理区分の継続など)場合に、労働基準監督署長の許可を受けて作業環境測定の頻度を減らしたり、簡易な測定方法に変更することがで

きる場合があります。良好な状態が続いた場合に適用になるのか確認してみましょう。実際に変更するか否かの判断は、作業環境管理として適切かどうかを考えてのことになります。

オ．目的に沿った測定方法

　法令で規定された作業環境測定以外の作業環境測定の方法は自由です。目的に応じて方法を考えることになります。時系列の変化、ピーク値（衝撃音など）の調査、作業場以外への影響の広がり、有害な要因の発生量の把握、垂直方向への影響の拡散、有害物の粒径分布、粉じんの詳細な成分分析や騒音の周波数分析、堆積粉じん、感覚値などの測定や調査なども考えられます。例えば、粉じんの測定については、指定作業場の測定はいわゆる吸入性粉じん（分粒装置を用いて径の大きな粉じんを除いて測定する）が対象ですが、大きな径の粉じんも含めた測定も行って、堆積粉じん対策も含めて総合的に作業環境の改善に結び付けるなどといったことがあります。

カ．作業環境測定等の意義

　作業環境測定が自己目的化して「測定することに意味がある」と考えるようになってはいけません。作業環境測定は、作業環境を適正に保つことが目的ですので、目的に沿った管理を行うことが大切です。

　衛生管理者としては、個別の有害要因について把握するということに加えて、従業員がトータルとしてどのような負荷を受けているのかについても注目しておくことも必要でしょう。例えば、同じ粉じん濃度であっても労働強度によって呼吸量が変わり、吸入する粉じんの量は変わりますし、暑熱の職場で防じんマスク等を着用しなければならない作業は負荷が大きいといったことなどがあげられま

す。同じ一人の人間（従業員）が受ける負荷を総合的に考えるということは意外にされていないと思います。作業位置、他の作業負荷との複合的な影響、身体的（機能的）特徴なども一人ひとり違います。

なお、局所排気装置などの定期自主検査も作業環境測定機関に依頼したり、事業場内の保全部門が実施したりしている場合があると思います。衛生管理者は、この結果を確認する場合、データだけですべてを判断するのではなく、例え目視であっても自分で現物（局所排気装置など）の確認を随時行うようにしてください。

(6) 職場活動の確認

現場に出向いたら、必ず職場での安全衛生関係の活動についても確認しましょう。前述しましたが、活動に取り組む従業員の話を聞くことによって、安全衛生管理に対する前向きな気持ちを引き出すようにします。このためには、職場で工夫した取り組みを評価することが大切です。間違い探しのような確認の仕方は、安全衛生管理の形骸化を生みますので、注意が必要です。

(7) いわゆる衛生面の状況把握

食堂や炊事場の衛生管理に関する基本的な事項は、労働安全衛生規則（第630条）に規定されていますので、定期的に確認しておく必要があります。詳細にチェックする必要があれば、厚生労働省（医薬・生活衛生局）から「大量給食施設衛生管理マニュアル」（通達）が出されていますので参考にしてください。大規模な施設を念頭に整理されていますが、事業場内の給食施設でも実施すべきこと

もあります。都道府県（保健所）が給食施設の衛生管理に関する点検表を作成していることもあります。

あわせて厨房で働く従業員（給食業務従事者）の作業環境や作業態様（照度、温湿度、重量物取り扱い、作業姿勢、高温物取り扱い）などについても、一緒に確認してください。調理をしている人たちの安全衛生について関心を示すことが、給食の衛生管理水準の向上にも結び付きます。なお、給食の業務に従事する従業員の検便が労働安全衛生規則（第47条）で義務付けられていますので実施しなければなりませんが、雇入れや配置替え時の検診だけでは感染症の防止にはなりませんので、過信しないようにしてください。食堂では、利用者の手洗い設備、清掃状態、食べ残しやごみの処理などについて確認することになります。

公衆衛生や食品管理に関する専門的知識が無くても、常識で判断すればいいこともありますし、実際に施設を担当する事業者（担当者）に衛生管理についての取り組みを説明してもらうこともできま

表Ⅱ－6　給食施設の主な衛生管理チェックポイント
- 給食業務従事者の日々の健康管理
  （発熱・下痢などの症状、感染症　手指のケガ、手指等の消毒、同居者の体調不良など）
- 給食業務従事者の作業衣（白衣など）、帽子、靴など
- 防鼠防虫（ネズミや虫の侵入防止）
- 生ごみなどの処理
- 食材・食器の管理（洗浄や温度管理等）
- 調理温度、調理後の食品の管理
- 調理前後の調理場の清掃清潔の保持
- 汚水（汚水桝）・排水（床など）
- 給食業務従事者の便所・洗面（手洗い）設備・更衣室

す。理解できないことを質問したりすることを通して、衛生管理の問題解決につながることもありますし、担当する事業者の意識を高めることにもなります。一番避けなければならないのは、自分自身がよくわからないからと関与しない（放置する、任せきりにする）ことです。集団食中毒などが発生すれば、従業員の健康上の問題に加えて、会社の事業にも大きな影響が出る可能性があります。特定の事業者に仕出し弁当を配達してもらっている場合も同じです。仕出し事業者自身にとっても致命的な事件になるかもしれません。衛生管理者の責任とは言えませんが、時々訪問して衛生管理について確認しておくといいでしょう。

　食堂・厨房以外にも、トイレ（便所）・洗面所、休養室、ロッカー（更衣室）、浴場、洗濯機・洗濯室、給湯室・冷蔵庫・食器棚（水屋）、現場詰所などものぞいてみましょう。衛生管理上の課題が見えるかもしれませんし、それ以上に職場の雰囲気が見えてきて、事業場の安全衛生活動や職場マネジメントのあり方を考える時の参考になります。

　なお、浴場や冷却塔（クーリングタワー）などでは、レジオネラ症対策にも注意が必要です。

(8) 私傷病統計の活用

　職業起因以外のケガや病気（私傷病）による休業などの統計は、的確で納得感のある事業場の健康管理施策を立案する上で貴重な情報源です。万が一、従業員が私傷病で亡くなることがあれば、その情報も収集しておきましょう。

　なお、これらのデータは、個人情報になることもありますので、慎重な取り扱いが不可欠です。

5. 健康診断とストレスチェック

　健康診断とストレスチェックは、全従業員が事業場の衛生管理に直に接して実感する機会です。その結果への対応に事業場の健康に対する考え方を感じることになります。もちろん、個々の従業員自身にとっても自分の健康状態を知ることができますから関心も高くなりますし、事業場としても衛生管理者としても具体的な数値などで健康管理の状態を把握できるとても重要な機会となります。衛生管理者が企画・調整などを行うことが多いと思いますので、意義をしっかり押さえて、的確な運営ができるようにしてください。事業場として自主的に実施する健康診断等も含めて、気を付けてもらいたいと思うことをまとめました。

(1) 全体の中で位置付ける

　健康管理の基本は、健康診断だと思っている人がいますが、それだけではなく、忘れてはいけない大切なことがあります。例えば、喫煙者に詳細な肺がん検診を実施することも大切ですが、禁煙を進めることが健康管理の取り組みとしては基本です。ストレスチェックは実施しなければなりませんが、過負荷な業務を改善したり、お互いのことを尊重する人間関係の職場にしていったりすることがなければ、検査ばかり繰り返しても同じ結果が繰り返されるだけでしょう。例えはよくありませんが、製品の品質管理と品質検査や、勉強と試験などの関係と同じではないでしょうか。従業員の健康を大切にするという健康管理の取り組みの一環として健康診断等があ

ることを忘れないようにしましょう。

　言葉で書くのは簡単ですが、健康上の問題に対して予防的に実効の上がるように取り組むことは結構むずかしいことですし、時間もかかります。事業場として、あるいは経営者や管理者が「従業員を大切にする」というメッセージ性のある施策を実施したり、健康に関する指導や支援を行ったりすることを通して、事業場文化として作り上げていくということがベースになります。このような文化は、従業員の業務に対する前向きな姿勢にもつながりますし、安全な行動にもつながるものだと考えます。

(2) 健康診断の対象者

　法令で規定された健康診断等の対象者はどのように決めているでしょうか。「常時使用する（従事する）労働者に対し」て「雇入れ」の際、「当該業務への配置替え」の際および「その後…定期に」となっていることが大半となっています。この中で、「常時従事する」という言葉は、どのような状態を指していて、対象の範囲をどうするのかはむずかしい判断です。筆者は、法令の用語を解釈する立場にありませんので断定はできませんが、少なくとも、特殊健康診断の場合は、衛生管理者が産業医等と相談して、業務に因る健康障害の発生の可能性が少しでもあると判断する従業員に対しては実施することになります。従業員の健康に責任を持つ立場で事業者として決めるということです。

(3) 健康診断の項目

　法令で義務付けられた健康診断項目以外に、検査項目を追加した

り、がん検診や歯科検診等を実施している会社や事業場は少なくないと思います。このような事業場として自主的な健康診断や検査等（自主検診）の制度は、一度始めると変更することが大変なことがあります。特に、対象者を減らすような方向での改正は、従業員や労働組合関係者などの納得を得るためには大きなエネルギーがいります。わかりやすい例で言えば、胃がん検診を35歳以上対象に毎年実施としていたものを、50歳以上対象に隔年実施と変更する場合などです。受診の負担と治療効果のデータから後者の方が合理的だとしても、前者から後者に変更するのは抵抗があると思います。しっかり説明しなければ、コスト削減のためと従業員が思うかもしれません。検査項目が多いほどいいと思っている人もたくさんいますが、企画・検討する場合は、検査の信頼性、受診者の心身の負荷、負荷に見合うメリット、再検査・精密検査の受診なども考慮する必要があります。自主検診の企画は、このような総合的な判断が欠かせません。

　なお、希望者対象に実施している自主検診で、受診率が50％としても、毎年同じ従業員が受診する場合と、異なる従業員が受診する場合（2年間で全員が受診）では、意義は異なります。全従業員の健康を視野に入れ、実効性を考えて制度を運用するようにしましょう。また、一次検査で異常が見つかっても、精密検査あるいは治療に結び付かないこともあります。精密検査等を受けない理由はさまざまあります。検査結果を活かすか否かは自己責任という考え方もありますが、無意味な検診にならないようにしたいものです。

　会社が実施するのではなく、健康保険組合や自治体が実施するがん検診等の制度を活用する会社もあるでしょう。この場合は、休暇付与などにより受診を促すといった方法もあります。

　検診等だけに注目するのでなく、定期的保健指導（例えば歯のブ

ラッシング指導）が予防的な意味で有効なこともあります。産業医ともよく相談し企画・運営してください。

なお、健康診断の中で会社としての付加検査等を行ったりする場合は、会社が法令に基づかない個人情報を取得することになりますので、個人情報保護の観点での対応が必要になることもあります。

(4) 受診指導

健康診断等の受診率は100％でしょうか。事業場文化として健康を尊重するということになれば、健康診断の受診率も高くなるでしょう。健康診断を受診することが当たり前という職場の状態をつくることが大切です。職場の管理監督者に対して、部下に受診を指導するように教育しておくことも必要でしょう。雇入れ時の教育（新入社員教育）などでも、健康診断を受診しなければならないことを教育しておくようにします。

従業員は「法令に従い事業者が行う健康診断を受けなければならない」ことになっていますが、「法令の規定による健康診断相当の健康診断を受けて、その結果を事業者に提出した時は、この限りでない」とされています。本人が事業場の行う健康診断の受診を希望せずに、自分で医療機関に行って健康診断を受診することもあるかもしれません。人間ドックを受けて、その結果を提出する場合もあると思います。このような時に迷うこととして、事業場としての健康診断の実施時期（年月）と従業員が事業場外で健康診断を受診した時期のズレをどこまで許容するかということがあります。雇入れ時の健康診断でも雇入れ前に、前の職場などで健康診断を受診していた時などに、雇入れ時に健康診断を実施するかという判断です。一般的に言えば、3ヵ月程度のズレは許容されると思われます。雇

入れ時健康診断を実施して間を置かずに定期健康診断を実施する場合も、重複した検査を実施する必要はありません。法令の規定の趣旨から常識的な判断をすることになります。健康診断は、受診することによる負荷もあります。例えば、Ｘ線の被ばくとか血液採取などはこれに該当します。健康診断は従業員の健康にプラスになることを実施することが目的ですから、過剰な対応は避けなければなりません。

　また、「1年以内毎に定期に」と法令に記載されていたら、1日であっても1年を超える日程設定は許されないのかと言えば、一定の時期毎に実施すればいいということになります。従業員の健康管理のことを考えて、法令の趣旨も踏まえて事業場で常識的に判断してください。

　なお、事業場が設定した健康診断の実施日に健康診断を業務の都合などで受診できない従業員がいた場合の対応について決めておくことも必要です。業務で健康診断を受診できない従業員を放っておいてはいけません。予備日を設ける、各自で事業場の指定する医療機関で健康診断を受診できるようにするなどの対応を取ることにしてください。長期間の休業者は別にして、たまたま健康診断実施日に病気などでやむを得ず欠勤した従業員に対しても、どのような対応にするかも決めておくことが必要です。事業場の健康管理に関する姿勢を示すことになります。

　健康診断の対象者として、期間従業員、パート従業員、派遣労働者等についても、法令や通達で確認して、漏れがないようにしてください。

(5) 健康診断を活かした保健指導等

　健康診断の結果は、大まかに区分すれば、「精密な検査や治療をした方がいい場合」「治療の継続が必要な場合」「健康状態の悪化の兆候が見られて生活改善などに取り組んだ方がいい場合（要観察など）」「特に注目すべき健康上の課題が見つからない場合」があります。健康診断は、健康診断を実施することに意味があるのではなく、その結果を活かすことが目的ですので、保健指導や就業上の措置などに確実に結び付けることが大切です。保健指導は、何らかの課題が見られた（例えば、検査結果に異常値があるなど）従業員を対象にすることが多いと思いますが、現在課題が無い場合でも将来にわたって健康を維持できるようにサポートするという視点も忘れないようにしてください。一人ひとりの従業員の入社から退職までを視野に入れるということです。

雇入れ時の健康診断などで、生活改善が必要な新入従業員がいれば、保健指導の重点対象とすべきだと筆者は思っています。若者であれば、退職までの長期間にわたって業務に従事する可能性の高い人ですので、若い時から健康的な生活習慣を身に付けるように指導を継続する意味は大きいでしょう。

(6)　就業上の措置と配慮

　法令では、事業者は健康診断の結果に基づき、従業員の健康を保持するために必要な措置について、「医師又は歯科医師の意見を聴かなければならない」とされ、「その意見を勘案し、その必要があると認める時は、当該従業員の実情を考慮して、就業上の措置（就業場所の変更、作業の転換、労働時間の短縮、深夜業の回数の減少等）を講ずるほか、作業環境測定の実施、施設又は設備の設置又は整備、安全衛生委員会などへの報告その他の適切な措置を講じなければならない」とされています。具体的には「健康診断結果に基づき事業者が講ずべき措置に関する指針」（厚生労働省公示）で示されていますので確認しておいてください。従業員の就業上の措置は事業者の責任となっています。法令上は「従業員の実情を考慮して」となっており、どう判断するかはむずかしいところですが、一方、事業者には「健康配慮義務」があると言われていますので、就業上の措置が必要な場合は、医師（産業医）から従業員本人やその職場の管理監督者に直接説明を行うなどにより、従業員も職場も納得した上での対応とすることが大切です。
　健康診断の結果等を受けての就業上の措置には、職場で「配慮する（気遣う）」ことも含まれると思います。就業上の特別な制限が必要なくても、管理監督者が日常の職場管理を行う中で配慮する（気

遣う）ということです。このような対応を含め、健康に関する部下指導や、健康上配慮を要する従業員に対する制度的対応（定期面談等）を事業場として明確にしておくことも必要でしょう。事業場規程などに明記しておく方法があります。

　なお、職場の管理監督者に対しては、就業上の措置や配慮を実施できるように、部下の健康管理上必要な情報を提供することになりますので、守秘義務について教育しておくことも必要です。さらに、部下指導に当たって管理監督者が「気持ちの問題」を強調したり、経験を押し付けたりしないようにすることも大切です。部下の話を聞き、主体性も尊重して、従業員本人が自ら健康状態を良くしていく気持ちにつながるようにしたいものです。管理監督者に対しては、健康診断結果に基づく対応だけでなく、部下の健康管理に日頃から関心を持つことが大切なことを理解させるとともに、部下の健康管理を適切に行えるようにする教育も必要となるでしょう。上司が部下の健康に関心を持つことが当たり前のこととして、事業場内で広く理解されるようになっていれば、職場での円滑な健康管理に結び付くでしょう。

(7) 健康診断結果の解析

　健康診断結果を解析して、事業場としての課題（課題がないか）を確認することも大切です。問診時の生活状況調査なども解析の対象になります。解析は産業医や衛生管理者などが実施してもいいですし、健康診断を実施した機関に依頼することも可能です。厚生労働省が発表している全国の事業場の健康診断結果（安全衛生関係統計）、国民健康・栄養調査、患者調査などのデータとの対比も有用なこともあります。健康保険組合から情報が得られるのであれば、

疾病別の医療費等と健康診断結果データの突合せ（相関の確認等）も健康管理施策を考える上での示唆を得られるかもしれません。

　なお、健康管理に関連するデータは、断面のデータだけでは、従業員の健康状態や事業場の健康管理施策の有効性の判断をすることはむずかしい面があり、時系列にデータを比較することが必要です。男女別に整理し、年齢補正することも必要です。また、平均年齢は健康管理のデータを判断する時にはあまり役に立ちません。平均年齢が40歳といっても、全員が40歳なのか、20歳と60歳が半数ずつなのかによって、健康管理のデータの意味は当然異なってきます。健康管理に関連するデータの整理や解釈には、考慮すべき因子がたくさんあります。実際には、影響する要素が極めて多様で複雑なために、健康管理の成果を正確に見極めることは容易ではありません。

(8) ストレスチェック

　ストレスチェック（心理的な負担の程度を把握するための検査）の考え方も基本的には健康診断と同じです。ストレスチェックを事業場内で実施する場合と、外部機関を利用する場合があります。衛生管理者がその事務を担うことがあるかもしれませんが、衛生管理者は、①どのようなチェック項目にするのか、②チェック項目を従業員がどのように受け止めて書くのか、③チェックの結果に基づく対応について従業員がどのように判断するのか、④どのような判断をするように誘導するのか、⑤職場（組織）単位のストレスの状況をどのように整理するのか、⑥その結果を受けてどのように対処するのか、などを考えてストレスチェックの制度を活かせるように企画・調整することが大切です。厚生労働省が細部の取り組み方の例を提示していますので、基本的にはこれに従うことが多いと思いま

すが、事業場としての対応は産業医を含めた事業場関係者とよく検討するようにしてください。

　法令では、ストレスチェックを行った医師等に、その結果について一定規模の集団（部、課、係など）ごとに集計させ、分析させることを求めています。具体的な対応は「心理的な負担の程度を把握するための検査及び面接指導の実施並びに面接指導結果に基づき事業者が講ずべき措置に関する指針」（厚生労働省公示）に示されています。事業者は、分析の結果を勘案し、その必要があると認める時は、その集団の労働者の心理的な負担を軽減するための適切な措置を講ずるよう努めることも規定されています。ストレスチェックの分析結果は、事業場としては前向きに受け止めたいと思います。分析の結果が職場マネジメントの姿を的確に表しているとは断定できませんが、より的確な職場マネジメントを行い、従業員の力を最大限に発揮するための情報として活用してください。

　ストレスチェック制度は、一回始めるとそのまま同じ対応を行うことになりがちですので、改善する必要がないかという視点で見るようにすることも大切です。

　大切なことは、ストレスチェックをすること自体ではなく、従業員が活き活きと前向きに仕事に取り組める職場マネジメントです。ストレスチェックだけに焦点を当てるのではなく、常日頃からの職場マネジメントを含めた教育・啓発、管理監督者の傾聴マインドの育成などへの取り組みが必要です。

　ストレスチェックは年に1回実施するという事業場が大半だと思います。職場の状態も個々の従業員の状態も1年間同じということはなく、変化しています。職場や従業員の状態に課題があった時の支援（相談など）の仕組みを明確にしておくことも大切です。産業医・保健師などの相談体制を周知しておいてください。社外の機関

（カウンセラーやEAP（Employee Assistance Program、従業員支援プログラム）サービスなど）を活用する方法もあります。

　ストレスチェックの結果に課題が見られる場合は、健康管理の問題というよりも、職場のマネジメントの問題を反映していることが少なくありません。ストレスチェック制度が労働安全衛生法に規定されたこともあって、衛生管理者や産業医が前面に立って対応することが多いと思いますが、この制度を活かせるようになっているでしょうか。職場環境（仕事のすすめ方）に課題がありそうな場合には、当該の職場の管理者が対応することが基本ですが、むずかしい場合もあります。職場環境の問題は、経営の問題であり、総括安全衛生管理者などの事業場の運営に責任ある立場の人や人事部門に状況を伝えて、対応することも必要です。衛生管理者や産業医が過度に責任を背負い込んで、かえって問題解決ができないということがないようにしてください。特定の従業員個人の問題であれば、医師の面接指導を通して事業場としての対応を行うことになります。

(9) 医師による面接指導

　法令には、長時間労働や高ストレスとの結果を受けて従業員から申し出があった場合に、医師による面接指導を行うことが規定されています。長時間労働や高ストレスの状態はないことが望ましいのですが、もしこのような状態があれば、医師による面接指導を確実に受けられるように制度をつくっておくことが大切です。

　長時間労働に関しては、長時間労働があり、疲労の蓄積が認められる者が法令上の対象になりますが、疲労の蓄積の有無の判断は自分ではむずかしいところがあります。労働時間だけを基準にして医師の面接指導を受ける制度にしておくとわかりやすいですし、漏れ

も減るでしょう。ただし、本人が望まない時には面接指導の対象から外すことも制度に含んでおく必要があります。

　なお、労働時間は一般的に月単位で把握されますので、実際の面接指導は翌月以降ということになります。単月での労働時間とは関係なく、体調が悪い時（疲労の蓄積が認められる時など）には、積極的に休養を取らせる（取ることができる）とか医師の面接指導を受けるようにすることも必要でしょう。管理監督者を含めた従業員への教育や啓発が必要です。

　医師による面接指導は、面接指導を受けた従業員が「面接指導を受けても何の意味もなかった」「時間の無駄だ」などといった印象を持つようなことになってしまっては元も子もありません。面接指導の結果を聞くだけでなく、どのような対応を取るのかについて、衛生管理者などは、制度を運用する側として面接指導を行う医師と十分な意見交換をして、面接指導が有意義なものとなり、必要な対応に結び付くようにすることも大切です。ただし、医師としての個別の判断に干渉するようなことはしてはいけません。また、産業医であれば生じないであろう問題も、事業場の状況などに詳しくない医師に依頼することによって起きかねない問題もあります。また、従業員側から面接指導の結果について不満が出るようなことがあれば、当該の医師と相談したりして、同じことが繰り返されないようにすることが必要でしょう。

(10)　過負荷への対応

　健康診断やストレスチェックの結果を待つまでもなく、長時間労働など従業員の健康に影響を与えるような過負荷な状態がないようにしなければなりません。過負荷な状況に置かれている従業員に対

しては、職場だけでなく、事業場としてのサポートも必要です。就業上の措置として就業場所の変更、作業の転換などが必要な場合、職場だけではむずかしい時は、事業場として衛生管理者による調整が必要なこともあります。

　海外への異動や長期出張などの場合も、事業場（場合によっては会社）としての対応が必要です。健康診断が法令で規定されていますが、安心して赴任できるようにするためには、予防接種や赴任先の安全衛生や医療に関する情報の提供も望まれます。派遣（赴任）後の心身の健康管理面のサポート体制を明確にして、気軽に利用できるように工夫しておくことが必要です。家族についてもサポートできるようにしておくといいでしょう。

6. 健康保持増進の取り組み

　健康保持増進の取り組みで、従業員の健康状態を継続的に向上させることは容易ではありませんが、展望を持って個々の取り組みを工夫して実施するとともに、健康保持増進の取り組みを通して事業場の健康文化を高めていくことが重要です。なお、日常の健康管理にはITツール（スマホアプリなど）が利用できる範囲も広がっていますので、有効と思われる時は活用を検討してください。

(1) 成果を見通す

　健康保持増進活動の評価は、長期的なスパンで、変化として考えることが必要です。実際には、前述のとおり、影響する要素が極めて多様で複雑なために、容易に成果を見極めることがむずかしい場合も多いと思います。特に対象とする従業員の数が少ないと、健康管理の取り組みの成果が見えにくい面があります。

　筆者は、健康問題を考える場合は、全体（全従業員）への影響と「確率」の視点が重要で、健康保持増進活動はこの分布を変えていく取り組みだと考えています。職場風土をより良くしていく面での意義もあります。

(2) 取り組みの動機と方法

　THP（「事業場における労働者の健康保持増進のための指針」（厚生労働省公示）に基づく取り組み）は理想形を示していると思いま

すが、現実には、事業場・従業員の状況にあわせ、効果を見通して取り組むことになります。THP指針に目を通して、事業場としてどのように取り組むことがいいのか考えてみてください。

　健康保持増進の活動を始めたり、強化したりする動機としては、従業員の健康状態の変化や将来予測などが考えられます。事業場内の関係者の理解も得られやすいでしょう。健康状態（健康診断結果など）、従業員年齢構成、医療費、体力、高ストレス者の割合などの変化や将来予測がこれにあたります。ただし、大規模事業場（大企業）でなければ、事業場内だけのデータでは、事業場として取り組む動機が見えてこないかもしれません。このような場合でも、従業員がより健康になることには誰にも異論はないはずです。コストや負荷の少ないことから始めることを勧めます。

　行政施策や社会的イベントに呼応すると円滑な導入に結び付くこともあります。安全衛生関係の動機だけでなく、「健康日本21」（二十一世紀における国民健康づくり運動）やスポーツ庁の取り組み、オリンピック・パラリンピックなどの国民的行事なども、健康保持増進の取り組みを始める動機にすることができます。

　健康保持増進の取り組みが、事業場内で日常の話題に上るようになると、行動変容にもつながりやすいでしょう。筆者が関わった会社での健康保持増進の取り組みでは、「三減運動」（減塩、減煙、エネルギー摂取減）、「ヤンガー5」（5年後も健康年齢を維持しよう）、「リフレッシュ〇〇（事業場名）」（事業場の健康保持増進）、「はつらつと!!」（メンタルヘルスの取り組み）、「お口のエチケット教室」（歯垢染色体験とブラッシング指導）などの名前を付けたりしていました。健康はすべての従業員に関わりがありますので、抵抗なく受け入れられて、親しみが持て、かつ印象に残るネーミングをして、継続的に取り組むことができるような工夫も必要でしょう。

以下に、他の章では触れていない具体的な健康保持増進関連の主な取り組みについて、その意味などを考えていきます。

ア．職場健康確認

　管理監督者（上司）は、部下の様子から、あるいは申し出から、就業に支障がないか、就業によって健康状態が悪化するようなことがないか確認して、就業上の対応や従業員の受診勧奨等を行います。会社として健康配慮義務を果たすことにもなります。チェック項目などを決めて制度的に取り組んでいる事業場もありますが、個々の項目の確認に加えて、本人から受ける全体的な印象も大切にして確認するようにします。このような取り組みは、健康管理についての会社の義務というよりも、健康についての当然の気遣いを、始業時というタイミングで取りあえず行うと考えればいいでしょう。始業時の確認は集合してではなく、個別でも構いません。確実な実施のために、簡単な様式を決めて、確認記録を残す方法もあります。

　安全確保に結び付けて健康確認を行うという考え方（健康KY等）もありますが、目的を安全に絞るのではなく、事務的業務を行う職場を含めたすべての職場を対象とすることが必要です。

　制度的対応を紹介しましたが、制度の有無に関わらず、元気のない（調子の悪そうな）部下や同僚に声を掛けるという職場（職場マネジメント）であって欲しいと思います。

イ．職場活動

　一人ひとりの従業員が自分で取り組む健康保持増進の目標を決めて（例えば、毎日8,000歩以上歩く、週2回スイミングに通う、休肝日を週2日以上設ける、主食はパン1枚またはご飯茶碗1杯までにする、夜10時前にスマホの使用を止めるなど）、職場としてそれ

を後押しするといった活動が考えられます。記録を職場で掲示するなどの方法があります。職場で共通の目標を決めて（例えば毎朝ラジオ体操やストレッチ体操をする、毎月職場スポーツイベントを開催するなど）という取り組みもあるかもしれません。

　このような取り組みは、健康に対する意識を向上させるとともに、職場内のコミュニケーションを促して、さまざまな面で従業員の安全衛生水準の向上に結び付いていくでしょう。

　ウ．事業場イベント

　ウォークラリーなどが代表的です。スマートフォンやウェアラブル端末などを利用した取り組みもできます。これらの取り組みで重要なことは、「意味のある（健康にプラスになる）取り組みであること」と「継続すること」です。イベントとして1回やれば、あとは各人で自主的に取り組むという考え方もありますが、事業場としては、従業員の健康的な生活を誘導し続けるようにすることが大切です。

　エ．体力測定（運動機能検査）

　体力測定の意味は何でしょうか。体力測定の結果を踏まえて適正配置するということはほとんどないと思います。体力測定は、特別な場合を除き、従業員の運動機能の維持だけではなく、従業員が生活を振り返り、将来にわたって健康を維持できるような生活を送る切っ掛けを提供することだと思います。健康診断と一緒で、体力測定を実施することが自己目的化しないように注意しましょう。

　測定項目も、体力測定の目的に沿うように企画するとともに、その結果を職場や家族で話題にできるような仕掛けも考えるといいでしょう。健康保持増進の他の活動とリンクさせて企画すると健康保

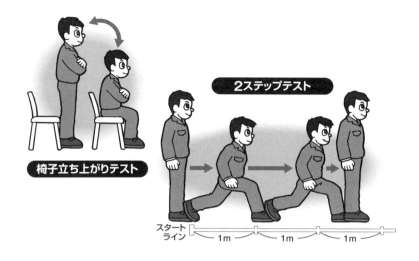

持増進の取り組み全体が盛り上がります。体力測定の方法も測定値に厳格さを必要とする場合を除いて、職場で実施するような方法もあります。椅子立ち上がりテストや2ステップテストなど、ストップウォッチなどの計時用具、メジャー、椅子などがあればできることもあります。安全行動を支え促す目的での測定や職場にとって目新しい項目の測定も、従業員の体力測定への積極的な姿勢を引き出すことにつながるかもしれません。

体力測定を実施する場合は、測定中のケガや体調不良に対して十分な対策を取っておくことが不可欠です。

オ．喫煙対策

受動喫煙防止対策は、健康増進法で多数の者が利用する施設での対策が、労働安全衛生法で職場での対策が求められています。事業場の対策については、国の助成制度もあります。助成対象は、喫煙室等の設置費の助成、対策実施の技術的な相談、職場環境の実態把握（測定等に関する支援）などですが、国の予算の問題などもあり

ますので、助成制度の活用を検討する時は、都道府県労働基準局などに相談してみてください。助成制度の活用は、対策を推進する後押しになります。

　喫煙者に対しての取り組みとしては、さまざまな啓発や運動、禁煙外来の利用への誘導などがあります。喫煙者が禁煙にチャレンジしようという雰囲気をつくるとともに、喫煙者の禁煙努力を後押ししたり、評価したりするような方策も考えてみてはどうでしょうか。あわせて、喫煙習慣のない若者（新入社員等）に対しては、繰り返して教育や指導をすることも大切です。一旦喫煙の習慣が付くと禁煙するために苦労することになります。禁煙に関する事業場の取り組み事例は、いろいろな場で紹介されていますので、必要な時は調べて参考にしてください。

(3)　生活習慣へのアプローチ

　食生活指導について、一言でまとめると、従業員が、バランスが良く適度なエネルギーの食事を規則正しく摂るように教育や啓発を行うということになります。一方、食生活の良否は、片寄りが顕著でない限り、簡単に判断することはむずかしいですし、改善したからといって効果がすぐに現れるものでもありません。また、健康と食生活の関係は、非常に多様な要素が絡んでおり、「これが絶対に正しい」と断定できることもそれほど多くないと思います。研究が積み重なるにつれて、新たな知見が発表されたりして、何が正しいのか戸惑うことがあります。

　健康診断の結果等を受けて、生活習慣の見直しが必要な従業員に対する保健指導（食生活指導、栄養指導）は、指導を受ける側も指導を受ける意味を理解した上でのことになりますが、特段の健康面

の異常がない従業員の受け止めはどうでしょうか。食生活を健康的にするために、医学的あるいは栄養学的に正しいことを伝えるという意識が強過ぎると、非現実的と受け取られて実効が上がらないことになるかもしれません。

　食生活指導について事業場で取り組む場合は、従業員にとってわかりやすい指標を作り、楽しく取り組めるような方策が必要でしょう。筆者の勤めていた事業場では、バランスのいい食生活を習慣化するために「30彩菜（さんまるさいさい）運動」として、いろいろな食材の食事を摂ることを、時には一日の摂取食品数を数えるイベントや理想的な食事の試食会をするなども含めて、健康保持増進運動の一環として進めたりしました。残念ながら、その後30品目の食材を摂るとエネルギーの摂取過剰になるとして、このような考え方は推奨できないとされていますが、食生活に関連した取り組みを行う場合は、このようなわかりやすい取り組み方を提示することも大切でしょう。いずれにしろ、取り組む内容については慎重に検討することが必要です。

　運動、飲酒、喫煙、睡眠などの生活習慣に関することは、単発の教育で終わるのではなく、繰り返して必要な情報を伝えて、常識（負荷を感じないで自然と実行できる状態）にしていくようにすることが、長い目で見て実効を上げることにつながります。

　健康保持増進活動は、従業員に「あるべき姿」となることを求めるというより、健康的な生活に近付いていくように誘導するという視点が重要です。従業員全員が気負わずに前向きに健康的に生活をしようと思うようになることが、成果につながるという考え方です。健康保持増進の取り組みは、職場や家庭での日常の話題に上るようになると、他の健康管理に関する取り組みの実効性も上がるでしょう。

(4) 健康管理の時間軸

　前述のとおり、健康管理の取り組みの評価は、断面だけではなく、長期的なスパンで、かつ対象層の移動も加味して変化として考えることも必要です。健康管理の取り組みを、短期のコストパフォーマンスで考えるのでなく、従業員の健康管理に取り組む事業場の姿勢が、従業員の前向きな気持ちを引き出していくと考えた方がいいかもしれません。職場風土をより良くしていく面での意義もあります。

7. 衛生教育の進め方

　安全衛生管理は事業の健全な発展を支えるものであり、経営者から職場第一線の一人ひとりまで正しい理解を持つことが必要です。このために安全衛生教育は不可欠ですが、実際に行われている教育の実効性については幅があります。安全衛生教育は実施することが目的ではなく、実効を上げることが目的であることを忘れないで取り組んでください。教育内容の質を高めることに加え、教育を活かす（実効を上げる）ための工夫を行うことも欠かせません。

(1) 教育の効果

　「教育効果がある」ようにするには、「受講者が教育内容に意義を感じられるようにすること」と「教育内容を活かすことのできる受講者」が前提となります。「受講者にふさわしい教育の企画」、「教育内容にふさわしい受講者の選定」と考えることもできます。「効果を期待できない」教育内容の例を表Ⅱ－7にあげてみましたが、現在実施している安全衛生教育はどうでしょうか。

　受講者にとって「気付き」があって、「職場等で活かすことができる」＝「役に立つ」ことが大切です。この点は、受講者側の問題と考えがちですが、安全衛生は個人の問題とすることができないこともあり、教育を企画・実施する時にベースに置いて考えておく必要があります。

表Ⅱ-7　教育効果を期待できない教育内容例

- 内容が無い（受講者が「わかりきったこと」と感じる内容）
- 納得感（合理性、幅広い意味での受講メリット）が感じられない
- 職場や仕事の実態に対する理解がない
- 現実味がない
- 講師の一方的論理の押し付けと感じられる
- 企画側・講師側の満足感達成のお付き合いと感じられる
- 自分（受講者）と関係がない（自分の立場と結び付かない）
- 自分の身を守ってくれない、メリットにならない、役に立たない
- 具体的な実務（展開）に結び付かない
- 簡単すぎる、むずかしすぎる（理解できない）

　なお、「役に立つ」といっても、受講者の意識や能力、経験によって違いがあります。少なくとも、受講者の経験や力量に応じた内容とすることが大切です。「役に立つ」内容は、受講者の立場や職場の状況によっても違います。「役に立つ」と感じられるように、企画側が誘導することが必要です。

　受講者の関心を引き出し、「役に立つ」と感じられるようにするためには、講師の熱意が感じられるということも重要です。型通りに伝えるのではなく、事例をあげて実際の作業などと結び付けて講義し、受講者が自分の問題として受け止められるようにしてください。

(2)　受講者に対する動機付け

　受講者が受講のメリットを感じられると教育効果も上がります。受講者によるメリットの認識には「動機付け」が大切ですが、不十

分なことが多いのではないでしょうか。「動機付け」は受講直前だけでなく日常的にも必要ですし、教育中に講師から行うことも大切です。向上意欲が高い受講者の場合は、受講者自身によって行われることもありますが、職場の関係者（管理監督者等）の期待感を受講者が認識できるかで受講の姿勢に差がでて、教育効果にも影響します。教育を企画する時には、受講のメリットを関係者で共有するとともに、あわせて、教育効果を上げるための「動機付け」を受講者の職場が行うようにする方策も行っておくことが大切です。受講者が「教育の成果を活かそう」と思うように、職場（管理監督者等）が本人に対して期待を伝えるようにしておきましょう。

　仕事に必要な技能習得の教育や昇格・昇進に伴う教育は、受講者がメリットを感じやすい面があります。受講動機と周囲の期待がはっきりしていて、受講者自身が選抜された人材としての意識を持っていることが受講効果を高めます。

　また、積極的に受講しようという気持ちにさせるように、教育のネーミングを工夫することがあってもいいでしょう。例えば、「選

表Ⅱ-8　教育を受講することによる主なメリット

(1) 仕事がやりやすくなる	・より安全に仕事ができるようになる ・自分の仕事が楽になる、やりやすくなる ・職場をよりよく（より安全に）できる
(2) 自分の評価が上がる	・昇進・昇格に結び付く ・業務実績として評価される ・担当業務の範囲が広がる（存在感が増す） ・職場での信頼が高まる
(3) マイナス評価を回避する （消極的メリット）	・受講しないことがマイナス評価につながる ・知らないことが自分の不利益となる
(4) 学ぶこと自身に意義を感じる	・知識等が増えることがうれしい ・学びながら考えることが楽しい

抜○○教育」「○○リーダー研修」といったように選ばれて受講しているとの認識が持てるようにするとか、「○○エチケット教室」「必修○○教育」といったように教育を受けないと「マズイ」と思うようにするとか、ちょっとした工夫で受講者の意識は変わります。どのような印象を受講者や関係者が持つかという観点でネーミングを考えてみましょう。

(3) 教育の手法と課題

安全衛生教育の主な手法を表Ⅱ－9に整理しました。実際には、これらの手法を組み合わせて行われることが多くあります。教育手法には、それぞれ利点もありますが、留意しておきたいこともあります。

表Ⅱ－9　安全衛生教育の手法

手法	具体的な実施手法
講義	知識付与（規程・基準等、理論等、方針等、教訓等、罰則等、統計等、施策等、ノウハウ等）
	知識付与＋質疑応答、決意促進、視聴覚教材（技能、知識、管理・行動規制）
	経験談（苦労話）、事例発表
個人演習	演習、演習（宿題）、通信教育、eラーニング、試験、実践演習
発表	決意表明、成功の宣言、成果発表
グループ演習	グループ討議、グループワーク
訓練	ゲーム体験、シミュレーション、ロールプレイ、技能訓練、課題解決、実習
体験	体験（ロールプレイ）、経験、体感、他社・他職場見学、災害現場見学
啓発	講演、掲示、ニュース

「講義」では、教育内容を記憶に定着させるために、受講者参加型の内容とし、自らの問題として考えさせるよう誘導し、考えたことをまとめて発言（発表）させるなどの工夫も必要です。

　「視聴覚教材」は、ドラマを見ているように他人事として受け止められることがあり、実際の仕事に結び付けて理解させる講義などで補完する必要があります。

　「グループ演習」や「発表」は、優等生としての討議参加や発表となって（優良な受講者を演じるだけで）教育効果が残らないことがあります。テーマの設定を実務に近い内容で設定するとともに、実際の仕事で具体的に活かす道筋を認識できるように講師が誘導することが必要です。

　「体感教育」などの実際に体験・体感させる教育には「リアリティーを高めることが必要だ」という考えもありますが、かえって受講者の想像力を抑え込み、応用範囲が狭くなるということにならないよう留意した指導をすることが欠かせません。

　いずれにしろ、受講者がどのように受け止めるのかをよく考えて手法を選んだり、講師がフォローしたりすることが必要です。

(4) 実務での教育成果

　教育は基本的に受講者個人の力量を向上させ、職場での活躍（教育内容の活用）を期待して行うことが多く、教育効果は受講者本人を通してしか現れません。教育の企画者や講師は、教育をすることで職場全体に影響が及ぶものと考えがちですが、現実はなかなかうまくいかないこともあります。教育の効果を実際の仕事で活かすかどうかを受講者個人に任せるのではなく、受講者が教育効果を活かす（活かせる）ように強制力（その気にさせる牽制力）を働かせる

ことも必要でしょう。「職場に同じ教育を受けた同僚がいる」「教育の内容を理解し、職場で活かすことを求める上司がいる」などさまざまなケースが考えられます。前者は、「受講者同士の相互牽制機能を働かせる（受講者間の競争意識等を活かしながら受講者の自覚を促して教育効果を活かすようにする）」ことを狙った考え方で、後者は組織として、教育効果を活用する「機会を与える」「環境をつくる」ことを意味します。

　職場（管理監督者等）が教育成果を引き出す工夫としては、仕事や日常の安全衛生活動の中で教育成果を活かす機会を設けたり、受講者に教育内容を継続的に発表させたりするといったことを通して、フォローすることが手近な方法です。ただし、機械的になったり、教育効果の否定につながったりしないようにして、受講者を育成するという基本に立ってフォローすることが必要となります。受講後に取り組む課題を与えておいて、フォローする方法もあります。職場（管理監督者等）が受講者の学んだことを引き出し、活かしていくための工夫が欲しいものです。教育の企画者が職場での教育成果の活用についての道筋を予め想定して職場に示しておくやり方のほか、教育の企画者や講師がフォローする（実践報告をさせるなど）方法もあります。教育の成果が受講者の中だけで蓄積され、あるいは時間と共に霧散していってしまってはもったいないと思います。

　これらのことは、社外教育を受講させる場合も同じです。受講した従業員に対しては、事業場固有の課題に関する教育を付加することも必要です。

表Ⅱ-10 受講成果を職場で活かす工夫

(1) 受講内容を確認する
　・上司や職場への受講内容報告
　・上司・先輩による現実適用へのアドバイス
　・本人による具体的活用方向の宣言
(2) 教育受講者を活用する
　・教育内容を実践に活かす機会を与える（職場安全衛生活動・施策等の推進者とするなど）
(3) 日常の安全衛生活動の場で発言の機会を設ける
(4) 上司が教育成果を継続的にフォローする（具体的行動計画の作成とその実践フォロー等）

(5) 教育効果の把握

　教育効果を測ることは、結構むずかしいと思います。教育をした後、受講者アンケートがよく行われます。有益度や理解度を、科目別あるいは全体として受講者に評価してもらい、あわせて感想や意見などを求める方法です。言うまでもありませんが、アンケートの結果にはバイアスがかかっている（さまざまな外部要因があって本当の評価と違う回答をしてしまう）可能性を認識しておく必要があります。教育直後に加え、一定期間をおいてからアンケート等を実施すると、教育効果の確認と効果の定着に有効なこともあります。

　受講後に受講者に対して決意表明を書いてもらうようなことが安全衛生教育ではよく行われています。決意表明の多くは「頑張ります」「教育の成果を職場で活かします」となっているのではないでしょうか。その場限りの決意に終わる可能性が高いと思います。教育成果を活かす具体的な行動計画を書いてもらう方がいいでしょう。

(6) テキスト等の準備

　受講者に教育内容をメモさせるという考え方もありますが、できれば受講後にも活かせるような配布資料を準備してください。資料として市販テキストは有用です。ただし、内容は網羅的なので、個々の事業場や仕事に合った内容の資料も準備する方がいいでしょう。
　なお、テキストや配布資料には講義内容の要点が書かれているため、教育実施時に受講者の関心が講師に向かないといったことも考えられます。作成する資料に書き込み欄や穴埋め欄を設けて講義で解説するなどの工夫も必要でしょう。投影資料についても同じです。

(7) 受講側視点での教育体系

　事業場として安全衛生教育の体系を整理していると思いますが、受講者側からの視点にも気を付けてください。個々の従業員は、入社以降、退職までの間にどのような教育を受けるのでしょうか。一般的に言えば、昇格・昇進する人は教育の受講機会が相対的に多く、そうでない人は少なくなります。技術や管理部門のスタッフも、安全衛生管理に果たす役割が大きい割には、受講機会が少ないのではないでしょうか。受講者の影響が及ぶ範囲などについて考え、効果のある教育を企画する必要があります。
　なお、厚生労働省は「安全衛生教育等推進要綱」（通達）で事業者が行う安全衛生教育の体系を提示していますので確認しておいてください。

(8) 企画者としての視点

　安全衛生教育についてひとくくりにして取り上げてきましたが、実際には教育内容等はさまざまです。技術・技能、マネジメント、意識付け、健康づくり、ストレス対応等のほか、知識や情報を伝えるだけの教育もあります。成果の測り方や活かし方もそれぞれに合ったものとすることが必要となります。
　また、過度に教育のみに期待してはいけませんが、将来に残る財産を世代間でつないでいくとの気持ちを持って教育を企画することを心がけてください。
　前述のことを含めて教育の企画者や講師が留意しておきたい視点を再整理しましたので確認してください。

①　安全衛生教育で目指すところは、突出した優秀な人材を作り上げることではなく、職場全体の安全と健康を向上させることにあります。
②　安全衛生教育は、教育内容を「伝えること」が目的ではなく「仕事に活かすこと」が目的となります。教育を受けて、受講者自身が自分で活かせる形で教育内容を自分のものとして受け止め、実践で活かせるようにすることを考えて教育を行う必要があります。
③　受講者の能力は一律ではありません。「教えたのにやってない」などという声を聞くことがありますが、当然あり得ることで、育成していくという視点を持つことが必要です。
④　教育の企画者や講師は、「教育をした」ことで仕事が終わったと思いがちですが、受講者にとっては教育を受けたことが

始まりとなります。前述の職場でのフォローだけでなく、教育終了後も受講者からの質問などを継続的に受けたり、アドバイスができるような体制にしておくことも望まれます。

⑤　教育終了後に受講者に決意表明などを書かせる場合は、受講後のフォローなどと結び付ける工夫がいります。

⑥　技能・技術教育以外の安全衛生教育の効果の把握は、むずかしい面があります。効果を正確に把握できないとしても、効果を上げていく意図を持った教育を継続することが、効果に結び付くことになります。

⑦　教育が終了したら（連続した教育であれば中間でも）、教育の企画者が中心になって教育内容を振り返る場を持ち、次の教育をより良い内容とすることに結び付けてください。講師に対して教育の企画者からあまり講義の改善要請等の意見を言わないケースが多いと思いますが、いい点・改善すべき点について確認することは講師のためにも必要です。受講者の教育終了時の評価（有用度評価や実用度評価、コメント記入等のアンケート方式）はバイアスがかかっていることを前提に置いて判断します。数少ないコメントは貴重な意見ですが、全体の意見であるかのような安易な受け止めをしないようにしてください。

⑧　同じ教育を実施するにしても、教育実施のタイミング（全体の環境や受講者の置かれた状態）によっても効果は異なります。

⑨　コストパフォーマンス（かける労力と実現できる成果のバランス）も考えておきます。成果は短期的なものだけでなく、中長期的に受講者の育成や職場の安全衛生水準向上を目指すという戦略的な視点も重要です。

当たり前のことですが、教育には限界があります。自分で企画運営した教育の効果には理想を抱きがちですが、「教育は万能ではない」し、「教育は手段であって目的ではない」ことをいつも意識しておきながら安全衛生教育の企画を考えてください。

(9)　衛生関係教育の留意点

　安全衛生教育は、座学では解説的で一般的な内容になりがちではないかと思います。健康に関する教育では、健康に関する個人差の問題もあり、啓発的な内容が多くなっているのではないでしょうか。やむを得ない面もありますが、できるだけ具体的に、実践可能な実例をあげながら教育を実施できるようにしてください。

　労働衛生教育では、知識教育に加えて、現物を用いた体感的な教育ができないでしょうか。簡単な例で言えば、耳栓の効果的な着用方法についての教育では、「受講者が耳栓を持参して（あるいは教育時に配布して）、実際の音で装着方法によって遮音効果が異なることを実感させる」「腐食性の化学物質を取り扱う時に使用する保護具の教育では、肉片や卵などを使って変色（腐食）の様子を見せる」「スモークテスターで換気の効果を目で確かめさせる」などのように受講者の印象に残る体験や実演を織り交ぜることで、教育の効果が高まる面があります。

　健康教育では、健康は確率の問題であることをキチンと伝えながら、「好ましくない習慣を変えて病気になる可能性を下げる」ように指導する、体調不良時の受診の判断については「具体的な事例を示す」「病気や病気からの快復について体験談を伝える」といったことも大切です。「事業場としての従業員の健康に関する考え方」を伝えることも、教育の効果を高めます。なお、健康教育は流行に流

される傾向もあり、世間で注目されることに重点が行きがちですので、注意が必要です。継続的に実施すべきこともたくさんあります。

⑽ 法令で規定されている衛生教育

　法令で規定された就業制限に関わる技能講習（作業主任者など）は、登録教習機関（事業場が登録している場合もあると思います）の講師が教育を行うことになりますが、その他の安全衛生教育の講師に関しては厳格な制約はありません。職長等教育、雇入れ時教育、作業内容変更時教育、特別教育（特別の教育）、健康教育などのほか、これらに準じた指針や通達に基づく教育なども同じです。

　講師は、教育項目（科目）について十分な知識、経験を有する者が当たることは当然とされていますが、事業場で行う教育ではどうなっているでしょうか。特に特別教育等は職場に任せていることがあると思いますが、事業場として基本的教育内容を統一して、講師についても一定の資格制度にして、実効の上がる教育となるようにしておくことが必要です。

　なお、安全衛生教育、特に再教育・能力向上教育に関して、厚生労働省から教育や講習等の適切かつ有効な実施を図るための指針などが公表されていますので確認して、事業場の安全衛生教育に反映させてください。いろいろな安全衛生教育用のマニュアルやリーフレット類も公表され、利用することができます。

・「労働災害の防止のための業務に従事する者に対する能力向上教育に関する指針」（厚生労働省公示）
・「危険又は有害な業務に現に就いている者に対する安全衛生教育に関する指針」（厚生労働省公示）

(11) 講師へのチャレンジ

　教育の講師をしようと思えば、勉強せざるを得ません。わかっていることであっても、頭の整理をして教育に臨むことになりますので、必ず自己研さんの場にもなります。産業医・保健師等や社外専門家の助力を得ることが適当なこともありますが、幅広く衛生管理者が講師をするように心がけてください。衛生管理者になって経験が浅いと抵抗があるかもしれませんが、その時は受講者に「経験が浅いこと」を伝え、質問があれば積極的に出してもらって、わからなければ後日答えるといった対応をすることで、かえって信頼も得られるものです。受講する従業員の質問や様子・雰囲気からも、いろいろと感じることがあり、それが実効の上がる安全衛生管理へのヒントとなることも少なくないでしょう。

(12) 効果のある啓発

　広く安全衛生管理についての知識を提供する啓発も大切です。啓発の目的は2つあると思います。1つは知識・情報の提供、もう1つは雰囲気（文化）の醸成（事業場としての安全衛生に関する考え方を従業員へのメッセージとして伝えて、従業員の安全で健康的な行動や生活を促すこと）です。これらの目的に沿った啓発とするためには工夫がいります。
　啓発の手段には、資料配布、イントラネットなどへの掲載、管理監督者を通しての啓発などもあります。事業場内放送などを活用することも考えられます。
　啓発を考える時に注意しておきたいことは、一言で言えば、面白

くない（興味を引くことができない）内容では啓発効果は少ないということです。啓発資料を読むか読まないかは、受け取った個人が選択することになりますので、読んでほしい人たちの注意を引き付けることが欠かせません。新たな発見（気付き）を含んでいないとか、読みにくければ、読まれなくなります。言い方を変えれば、啓発資料の意味がないことになります。紙の資料であれば、ファイルして保存したくなったり、自宅に持ち帰ったりしたくなる資料を目指したいと思います。表題も重要で、注意を惹く工夫がいります。新聞の見出しと記事のようなものだと考えればいいでしょう。何が書いてあるんだろう、何を教えてくれるんだろうといった気持ちで情報（啓発資料）に接してもらえるようにすることを意識して、伝える情報を表現してください。言うのは簡単、実行するのは結構むずかしいことです。

　啓発は、単発でいいこともありますが、シリーズ化して提供した方が効果的なこともあります。保護具の管理のポイント、メンタルヘルスの対応事例、化学物質の管理知識などシリーズとするといいものも少なくありません。シリーズにすると、次への期待にもつながります。

(13) 職場での日常的な指導

　off-JT（off the Job Training：日常の仕事を離れて行う教育）を中心に説明してきましたが、職場におけるOJT（on the Job Training：日常の仕事の中で、仕事を通して行う教育）が重要なことは言うまでもありません。安全と健康の確保のためには、仕事を進める中での的確な対応が必要なことがたくさんあります。管理監督者や上司・先輩が、安全衛生最優先の判断と行動を示しながら部

下や後輩の育成に当たるようにすることが極めて大切です。監督者安全衛生教育等で、OJTの方法を指導するとともに、人材育成・技能伝承を進める職場マネジメントとしても安全衛生指導を位置付けておくことが必要です。新入従業員に対しては、職場での指導担当を決めて、指導担当に事前に教育を行っておくことも大切です。

　なお、安全衛生に関しては、上司から部下、先輩から後輩という方向での教育や指導だけでなく、誰でも発言できる（気になることを確認する、注意喚起するなど）ことも大切です。このようなことが普通にできる事業場文化・職場風土であって欲しいと思います。

8. 衛生管理業務の計画

　衛生管理者としての業務を着実に進めるためには計画を策定することが欠かせません。衛生管理に限らず、仕事の基本です。ただし、形の整った計画がすべてではなく、将来展望を持って何をするべきかを整理しておくことも大切です。

　なお、衛生管理について、職場で実施すること（職場活動）と衛生管理者が事業者責任を担って実施することが、混同して取り上げられることが多くありますが、両者を分けて考えるべきだと思います。もちろん、前者の職場活動の実施を誘導し、フォローすることは安全衛生部門（衛生管理者）の仕事ですし、事業場の取り組みです。後者は、「戦略的に投資を行って作業環境を改善していく」「防じんマスクを最新型のものに更新する」といった類の課題は、職場活動ではなく事業場の課題で、衛生管理者の課題です。整理して考えることが必要です。

　この章では、OSHMS（労働安全衛生マネジメントシステム）との関係について触れていませんが、OSHMSを導入する（している）場合は、衛生管理業務の計画も安全衛生目標や計画としてPDCAサイクルに組み込んで取り組むことになります。

(1) 業務課題の整理

　事業場の課題を整理し、課題への対応の見通しを持っておくことが、事業場の安全衛生水準の向上につながります。衛生管理の業務は、ともすると法令対応になりがちではないかと思いますが、従業

員がより前向きにやりがいを感じながら働くことのできる状態を作り上げていく取り組みだと考えたいと思います。容易なことではありませんが、事業場関係者の信頼を得て、衛生管理者として達成感のある充実した仕事をすることになります。

　どのような課題があるかは、事業の種類や事業場の置かれた状況によって違います。直ぐに実現できることや、実現できそうなこともあれば、長い期間を掛けて実施すべきこともあるでしょうし、タイミングを見て（例えば操業ラインの更新にあわせて）実施をすることが適当なこともあります。いずれにしろ、どのような状態にしたいのかということを頭に描いておくことが大切です。描き方も明確であるに越したことはありませんが、漠然とした「思い」ということがあってもいいと思います。目指す姿を思い描いておきましょう。

　目指す姿があって、その中で中期的に実施することを明確にします。事業場として中期事業計画を策定することになっている場合は、その計画にあわせて安全衛生関係の計画も策定すると事業場関係者の理解も得やすいでしょう。事業場の規模が大きい場合や設備投資を伴う場合、健康状態の改善に関する計画などには、中長期的展望が欠かせません。ただし、すべてが同じ枠組み（計画期間）に収まるものではありませんので、枠組みに合わせてⅠ期、Ⅱ期などと分割した計画にした方がよい場合もあります。また、実現していくために多面的な検討や関係事項が多い場合は、縦（軸）を実施項目、横（軸）を時間（月など）にして、各項目の実施期間を矢印などで示したロードマップ（表や図）を作って、計画的な実施に結び付けるといいでしょう。なお、中期的計画の策定に当たっては、背景（計画に織り込む理由・根拠データ）を整理することも必要です。

　衛生管理者の業務に限ったことではありませんが、日々頭に浮か

んでくる課題についてメモを作成しながら、確実に業務を進めていくことも必要でしょう。

表Ⅱ-11 衛生管理の中期検討課題一覧の例…例示ですので背景欄の別紙資料は省略

実施業務	背景	資料No.	実施時期	担当	留意事項
簡易体力測定実施	若者の体力低下懸念	①②	○年度	Eさん	測定項目、測定用具購入（1年で全従業員が測定できる数）、予算確保、測定場所、測定リーダー養成、…
防じんマスク全数更新	フィッティング不良が散見	③	△年度	Iさん	電動ファン付採用、予算、毎年の保護具予算、…
作業姿勢改善設備対策推進	腰痛訴えの増加	④	○年度	Sさん	対象作業リストアップ、優先度評価指標整理、対策費用見積、投資計画策定、…
口腔内保健指導全員実施	歯科医療費増加	⑤⑥	△年度	Eさん	対象人員整理、指導項目、指導体制整備、予算確保、従業員啓発、…
協力会社衛生診断制度	協力会社幹部からの要請	⑦	×年度	Iさん	チェックリスト・制度基準作成、協力会委員会付議、協力会幹部説明、説明会開催…

表Ⅱ-12　短期衛生管理者課題確認メモ例

実施業務	実施目処	担当	進捗	備　考
産業医契約内容見直し	2月	E		ストレスチェック面接指導関係追加
○年衛生年報作成	3月	E	完了	
酸欠特別教育資料見直し	3月	S	未完	
暑熱作業基準改正	5月	I	未完	熱中症対策チェックリスト追加、WBGT測定追加
WBGT計購入	5月	I	未完	

(2) 年単位の職場活動計画をつくる

　安全衛生活動は年（年度）単位で実施することが多いと思います。表Ⅱ-13は、年単位で繰り返し実施することの例として示したもので、実際には各事業場で必要なことを整理してください。
　中長期的展望を持つ中で、1年間を通して重点実施活動等として実施することもあります。例えば、ストレスチェックの結果を受けての「職場コミュニケーション充実」とか、化学物質リスクアセスメントの結果も踏まえての「化学物質リスク低減」などです。事業場（衛生管理者、安全衛生部門）として旗を振って、各職場で取り組むことになります。重点実施活動については、背景を提示した上で、職場でどのように取り組むのかについて企画書のような形で提示する必要があります。具体性がないままに重点実施活動としても、掛け声だけに終わって実効を伴わないことになりがちですので、気を付けてください。

8. 衛生管理業務の計画　　145

表Ⅱ-13　年単位安全衛生活動計画の例

月	行事	事業場実施事項	各職場重点活動	特記点
1月	年末年始無災害活動	作業環境測定[指定作業場]	作業基準書見直し	
2月		検知警報器メーカー点検	明るさ・見やすさ確認	安全衛生予算確定
3月	全社安全衛生委員会	職場改善活動審査	健康面談	
4月		安全衛生社内監査	定期自主検査[局排等]	新入社員教育、健康診断
5月		定期健康診断[全員]	VDT作業最適化	
6月	熱中症予防強化期間[～8月]	歯科検診、食堂衛生確認	始業時健康確認	
7月	安全活動強化月間	安全衛生活動発表会	配属新入社員教育	新入社員配属
8月		作業環境測定[指定作業場]	リスクアセスメント確認	
9月	全社安全衛生委員会	胃検診	職場体力測定	
10月	衛生活動強化月間	衛生総合巡視	保護具重点点検	来年度事業場安全衛生計画策定
11月		定期健康診断[特殊健診等]	作業方法改善活動	各職場安全衛生活動計画策定
12月	年末年始無災害活動	ストレスチェック	生活習慣自主点検	

※各行事における取り組みの詳細は、別途策定

表Ⅱ-14 参考-主な全国的安全衛生関連行事

月	期間	期間の呼称
3月	1日～8日	女性の健康週間
4月	6日～15日	春の全国交通安全運動
5月	31日～6月6日	禁煙週間
6月	1日～30日	全国安全週間準備期間
	4日～10日	歯と口の健康週間
7月	1日～7日	全国安全週間
	1日～31日	熱中症予防強化月間［環境省］
9月	1日～30日	全国労働衛生週間準備期間
	1日～30日	健康増進普及月間
	1日～30日	食生活改善普及運動
	21日～30日	秋の全国交通安全運動
10月	1日～7日	全国労働衛生週間
12月	15日～1月15日	年末年始無災害運動

(3) 月・週単位の業務計画

　事業場の月単位の安全衛生計画（行事）としては、安全衛生委員会、産業医巡視などがあります。月単位に事業場として実施することを表にまとめて、翌月計画として安全衛生委員会でも報告するとともに、必要に応じて各職場に周知するといいでしょう。安全衛生委員会の準備として、毎月定例的に総括安全衛生管理者等への議題の事前説明などを行う事業場もあります。

　各職場で共通して実施することも計画として提示しておくと確実な実施に結び付きます。例えば、作業主任者が実施することになっている月例（月次）点検（局所排気装置・プッシュプル型換気装置・全体換気装置等の点検）は実施時期を予め決めておく（例えば、毎月第〇週は月例点検実施週間とする）と漏れが少なくなります。

表Ⅱ-15 ○月安全衛生計画の例

事業場		
日	実施事項	留意事項
1（月）	安全衛生委員会	
3（水）	産業医巡視	X職場
4（木）	職場安全衛生責任者会議	
5（金）	長時間労働面接	該当者通知は3日予定
8（月）	協力会安全会議	
9（火）	有機溶剤主任者研修	能力向上教育
	事務所環境測定	事務本館、工場管理事務所
17（水）	産業医巡視	Z職場
25（木）	安全衛生委員会事前説明	総括管理者、労働組合

各職場		
期間	実施事項	留意事項
第1週	局排等月次一斉点検	作業主任者実施
第2週	職場安全衛生会議	
第2週	保護具月次一斉点検	
第3週	職場交流安全衛生確認	

　また、安全衛生部門内で月単位に計画の策定と前月の総括（計画に対する成果と残された課題の確認）に関する打合せを行うことも多いと思います。Ⅰ編-3に記載しましたが、安全衛生部門としての事業所長や総括安全衛生管理者に対する課題報告もこの一環です。このような報告も、衛生管理者自身が業務課題を再確認する機会にもなります。

　さらに、1週間単位の業務を週間予定表として安全衛生部門で作成し、週初めに部門内の打合せを行い、部門内で共有するという方法がよく行われています。実務的な備忘録としても有用だと思います。法令で衛生管理者は毎週1回以上の職場巡視が求められていま

すので、週単位の計画に現場に行く時間を織り込んでおくといいでしょう。

9. 事故・労働災害発生時の対応

　いわゆる「ケガ」（業務上の負傷）と業務上疾病（労働災害または災害と略記しています）発生時の基本的対応の考え方をまとめました、業務上疾病は労働基準法施行規則で規定されています。

(1)　ケガや急性中毒等災害発生時の対応の基本

　災害発生時に最も大切なことは、被災者の治療・回復に最善を尽くすことです。当たり前のことですが、軽度の場合には、この程度なら医療機関での診察や治療は不要だろうと思いがちですが、処置が遅れて悔やむことのないように、医療機関での診察を受けることを徹底しておいてください。治療が不要だとの医師の診察ならば、結果として「よかった」ということで、「こんなことならわざわざ受診しなくてもよかった」という考え方は不適当です。

　なお、被災時の救急措置の適否が、被災者の回復に大きな影響を及ぼすことがあります。簡単な例は止血です。出血量が多い時に止血をしないと命に関わります。この他、熱中症に対する対応、熱傷（やけど）への対応、化学物質が皮膚に付着したり眼に入ったりした時の措置、酸欠や急性中毒の可能性のある気体へのばく露した時の対応など、それぞれの職場のリスクに応じた救急措置が、職場内で周知されているか確認しておきましょう。

　医療機関への搬送については、救急車を要請することが基本です。やむを得ず自家用車（業務用車）に被災者を乗せて医療機関に連れて行くということもあるかもしれませんが、目指す医療機関が休診

だったり、あせって運転して交通事故にあったりという可能性もありますので、安易に自家用車使用を選択しないように周知しておくことも必要です。なお、救急相談＃7119を活用した方がいい場合もありますので、必要に応じて管理監督者・従業員に周知しておきましょう。

　被災者が医療機関を受診した場合の治療費は、労災保険を使うことになります。健康保険を使うことは違法です。医療機関受診時に、労働災害である旨を申し出るようにします。労災保険の手続きがわからない場合は、労働基準監督署や事業場で契約している社会保険労務士に聞けばわかりますし、当該の医療機関でも教えてくれるはずです。労災保険申請は、被災者本人名での申請になりますが、事業者証明も必要になりますので、現実には事業場が手続きをすることが多いと思います。まれに労働災害か私傷病かわからないケースがありますが、その時は医療機関にその旨を伝えるとともに、労働基準監督署に相談するなどの対応をとることになります。

　いずれにしろ、被災者本人はもとより、家族の思いにも心を寄せて、被災者第一の対応をすることが大切です。自分が被災者になった場合のことを想像すれば、どのような対応が適切なのかが判断できると思います。

　二次災害や地域への影響を含め災害原因となる事象の拡大を防ぐ対応を併行して行うことが不可欠な場合もあります。酸欠、中毒、爆発などの事故・災害に結び付くおそれのある職場などでは、事故・災害発生時に職場全従業員が的確な対応ができるように教育訓練しておくことが不可欠です。

　事故・災害発生時には事業場で決めているルールに従って関係先に報告することになります。法令に基づく労働基準監督署への報告も必要になります。なお、万が一、生死に関わるような災害が発生

してしまった場合は、電話などで速報しておくことになります。労働基準監督者や警察署の立ち入りもあるかもしれませんが、このような場合は、誠実な対応が求められます。石油コンビナート等災害防止法、高圧ガス取締法、毒物及び劇物取締法などが適用される場合は、それぞれの法令に従った報告などが必要なこともありますし、公道での交通事故などは警察署への報告も必要なことは当然です。緊急連絡体制が確立されて周知されているかを含めて、事業場として適切な対応ができるようになっているか確認しておきましょう。

(2) 一定期間の影響の積み重ねによる業務上疾病発生時の対応

いわゆるケガや急性中毒などと違って、疾病が判明した時点の状態からだけでは原因などが特定できない業務上疾病があります。例えば、化学物質によるがん、じん肺、騒音性難聴などです。「過重な業務による脳血管疾患・心臓疾患等」（いわゆる過労死など）と「強い心理的負荷を伴う業務による精神障害」（メンタルヘルス問題）も同じです。

これらの疾病等は、健康診断や医療機関受診時に発見されて、業務上疾病の可能性についての確認が行われたり、労災保険申請されるということが多いと思います。会社退職後の元従業員や家族等から連絡が入るといったこともあるでしょう。

このような場合は、衛生管理者が判断するというよりも事業場関係者と相談しながら対応することが必要です。事業場としては本人の業務を確認して、事業者として事実を労災保険申請書類等に記載するということになります。わからないことがあれば、労働基準監督署や事業場で契約している社会保険労務士などに相談するといった対応になるでしょう。

業務上疾病に限りませんが、どのような場合に労災補償の対象になるのかは、勉強しておくと職場の衛生管理状態を見る時にも、周辺知識としても役に立ちます。業務上疾病の認定基準は、厚生労働省のホームページなどでも確認できます。特に、「過重な業務による脳血管疾患・心臓疾患等」と「強い心理的負荷を伴う業務による精神障害」については、どのようなケースが業務上疾病として認定されるかについて相談を受けることがあるかもしれませんので「脳・心臓疾患の認定基準」「心理的負荷による精神障害の認定基準」に目を通して概略を摑んでおくといいでしょう。

(3) 教訓を活かす

　業務上疾病が発生した場合の原因は、人の目で見るだけで判断できることは少ないと思います。作業環境の状態、負荷の大きさ、負荷の掛かる頻度・期間、保護具の状態などの確認が必要になります。業務上疾病は、過去に受けた負荷（現状とは違った負荷）によることも多くありますので、現状を調べることが原因究明にはつながらないこともあります。それでも、同じような疾病が発生しない状態にあることを確認することは大切なことです。もし課題が残っていれば、対策が必要です。直ぐに完全にできなくても、できることをまず実施し、すみやかにあるべき姿にしていくということになります。

　このような調査や対策を含めて、業務上疾病の記録は正確に残しておきましょう。ケガや急性中毒などと違って、災害報告書を広く職場に配布するといった対応をしないケースがあると思いますが、記録に残し、教訓を活かせるようにしてください。

(4) ヒヤリ・ハットなどを活かす

　ヒヤリ・ハット報告や事業場外の災害事例を教訓とすることが必要です。事業場内など従業員がよく知る場所での事例は、身近な問題として受け止められ、類似の災害を想定しての対策を進めやすくなるでしょう。マスコミなどが取り上げて多くの人が知っている職業性疾病や脳・心臓疾患、精神障害関連などからも幅広く教訓を得て、より働きやすい環境の実現に結び付けてください。衛生管理者として、事業場外の事例も収集して、事業場内で活かす工夫が必要でしょう。ただし、取り上げる事例が多すぎても、受け止める側の職場が過負荷になるようでは、教訓を活かせなくなるという面もあります。職場の状況にあわせて対象となる職場が自らのことと受け止められるように整理することが大切です。安全衛生委員会で、このような事業場外の事例を紹介することも、事業場全体で教訓を活用することにつながります。

　なお、筆者はヒヤリ・ハット報告を活かすためには、報告があった時にどんな些細なことであっても管理者が現場に行って報告者から話を聴くことが大切だと思っています。現場に行くことは、従業員の安全と現場の状態に管理者が強い関心を持っていることを行動で示すことになります。管理者と現場第一線の人たちとのコミュニケーションを向上させ、職場マネジメントのレベルも向上させることになるはずです。ヒヤリ・ハット報告の質を向上させる（現場第一線の人たちしか気付いていない課題が報告される）ことにつながります。ただし、現場に行った管理者の言動次第では逆効果になることもありますので、安全衛生部門が管理者に対してよく意義を説明しておくことが大切でしょう。

III

衛生管理業務を充実させる

1. 労働衛生管理のワンポイント

　労働衛生管理の対象について、項目別に管理のポイントがあります。衛生管理者の立場で、筆者が重要だと思う視点や見逃しがちだと思うことを簡潔にまとめてみました。基本的なことは、他の衛生管理のテキストなどで確認してください。

(1)　機械安全の発想

　労働安全衛生法（第28条の2）に規定された危険性または有害性等の調査と必要な措置を的確に行うために、厚生労働省から「機械の包括的な安全基準に関する指針」（通達）が出されています。「機械安全指針」「機械の包括指針」とか、単に「包括指針」などという略称が用いられたり、この考え方を「機械安全」と言ったりします。機械安全指針は、JIS B9700（「機械類の安全性―設計のための一般原則―」、ISO12100（Safety of machinery - general principles for design - Risk assessment and risk reduction）を基にした規格）の知見を反映したものとなっています。JISやISOは関連の規格も多数あります。「機械安全」というと「安全」のことだと思っている人がいますが、「機械による危険性または有害性」を対象としたものです。

　機械安全指針で用いられている用語には、翻訳をベースにしていることもあり固有な印象を受けるものもありますが、「機械安全」の考え方を象徴しています。詳述はしませんが、衛生管理においても重要な考え方だと思います。機械安全指針や関係するテキスト等

で理解しておいてください。

表Ⅲ-1 機械安全指針が対象にしている危険性または有害性（指針別表1抜粋）

4 騒音による危険性又は有害性
5 振動による危険性又は有害性
6 放射による危険性又は有害性
7 材料及び物質による危険性又は有害性
8 機械の設計時における人間工学原則の無視による危険性又は有害性

表Ⅲ-2 機械安全指針で定義されている用語（「用語の定義」抜粋）

・保護方策　・本質的安全設計方策　・安全防護
・付加保護方策　・使用上の情報　・残留リスク
・機械の意図する使用　・合理的に予見可能な誤使用

表Ⅲ－3　機械安全指針で示されている本質的安全設計方策（指針別表2から衛生関係を抜粋）

7　騒音、振動、過度の熱の発生がない方法又はこれらを発生源で低減する方法を採用すること。
8　電離放射線、レーザー光線等（以下「放射線等」という。）の放射出力を機械が機能を果たす最低レベルに制限すること。
10　有害性のない又は少ない物質を使用すること。
11　労働者の身体的負担の軽減、誤操作等の発生の抑止等を図るため、人間工学に基づく配慮を次に定めるところにより行うこと。
　(1)　労働者の身体の大きさ等に応じて機械を調整できるようにし、作業姿勢及び作業動作を労働者に大きな負担のないものとすること。
　(2)　機械の作動の周期及び作業の頻度については、労働者に大きな負担を与えないものとすること。

表Ⅲ－4　機械安全指針に示されている安全防護の方法（指針別表3から衛生関係を抜粋）

(6)　騒音又は振動による危害が生ずるおそれのある時は、音響吸収性の遮蔽板、消音器、弾力性のあるシート等を使用すること等により発生する騒音又は振動を低減すること。
(7)　放射線等による危害が生ずるおそれのある時は、放射線等が発生する部分を遮蔽すること、外部に漏洩する放射線等の量を低減すること等の措置を講じること。
(8)　有害物質及び粉じん（以下「有害物質等」という。）による危害が生ずるおそれのある時は、有害物質等の発散源を密閉すること、発散する有害物質等を排気すること等当該有害物質等へのばく露低減化の措置を講じること。

(2) リスクアセスメント

　法令に規定されているリスクアセスメントには、包括的な「危険性又は有害性等の調査等」（労働安全衛生法第28条の2）と化学物質についての「危険性又は有害性等の調査等」（労働安全衛生法第57条の3）があります。それぞれのリスクアセスメントの方法については、「危険性又は有害性等の調査等に関する指針」（厚生労働省公示）と「化学物質等による危険性又は有害性等の調査等に関する指針」（厚生労働省公示）を確認してください。リスクの評価の方法やその結果に基づく措置などについては、事業者が指針に沿って、従業員の安全と健康の確保できる方法で実施することになります。

　リスクアセスメントを実施していても、その方法が従業員の安全と健康の確保の視点で、不適切だと判断した場合は変更した方がいいこともあります。特にリスクの評価（見積り）の結果が、実態を反映していないと思う時は、よく検証してみることが大切です。

　また、リスクアセスメントの実施が自己目的化して（リスクアセスメントを実施することが目的になってしまって）いないか気を付ける必要があります。リスクアセスメントは、法令で規定されているとは言え、あくまでも手段であることを忘れないようにしましょう。「リスクアセスメントが形骸化している」などという声を聞くことがありますが、形式だけを重んじていることの表れではないでしょうか。リスクの低減に結び付けるという点にも課題があるのかもしれません。

　なお、リスクアセスメントは、事業者の責任で実施するものであることを忘れずに、現場第一線に任せ切りにするのではなく、衛生

管理者は事業者の立場で適切にリスクアセスメントが実施されていることを確認する、あるいは自ら実施することが必要です。

　特に設備の新設・改造時には、リスクアセスメントを含めた制度的な対応が有効だと思います。企画・設計・購買部門、技術部門、設備を使用する部門、保全を担当する部門と一緒に安全衛生上の課題について確認することになります。細かい設備のことはわからないと思う衛生管理者がいるかもしれませんが、心配はいりません。担当部門の説明を受けて、安全衛生上の課題に関連したことを確認したり、気付いた範囲で質問したりすることで的確な対応に結び付くことが多いでしょう。その場ですべての答えを出さなくても、持ち帰って調べることも可能です。必要でしたら、確認の場に設備メーカーや設計会社などに入ってもらうことも考えられます。事業場として初めて使う危険有害性がある（おそれがある）化学物質についても、設備の場合と同様な対応が利用前にできるようにしておきましょう。大切なことは「場」を持つことだと考えます。事業場として制度化しておく（規程・基準にしておく）と漏れがなくなります。

(3) 明るさ、見やすさ

　照度の基準は、労働安全衛生規則や事務所衛生基準規則に示され、照明設備の点検が義務付けられ、さらに「採光及び照明については、明暗の対照が著しくなく、かつ、まぶしさを生じさせない方法によらなければならない」とされています。照明の向き、光源の位置、影、グレア（見る対象物の反射、見る対象物以外の反射など）、鏡のように反射する物の存在、さらに見る対象と背景（色）の問題などもあります。照明の種類によっても見え方が変わることもあります。

　さらに、年齢によって見えやすさが変わることも忘れないように

しましょう。一般的には、同じ明るさでは加齢とともに見えにくくなり、解像度も落ちてきます。明順応（暗い状態から明るい状態に変わる（暗い室内から明るい屋外に出るなど）時に目が明るさに馴染む）や暗順応に必要な時間も加齢とともに長くなります。職場の年齢構成も考えた対応が必要なことがあり、局部照明などの利用も対応の仕方の一つです。

　照明の基準は、法令の規定のほかに日本工業規格の照明基準JIS Z 9110や日本建築学会環境基準としても照明環境規準が示されていますので考え方を含めて、必要な時は参考にしてください。

　なお、法令の規定の有無に関わらず、安全に仕事を行うには、適切な照度・照明が必要なことは言うまでもありませんが、労働安全衛生規則などの安全基準にも、作業を安全に行うための照度の保持や通路などの採光や照明について規定している条文があります。なお、常時通行しない通路で適切な照明がない時には、懐中電灯などを使うようにしておくことも必要です。

　最も大切な視点は、仕事がしやすいかどうかということです。精度高く確実な仕事を安全に効率的にできるようになっているかということに着目して、仕事に合った照明（採光）となっているか確認してください。一律の基準（照度測定の結果）で判断しないで、仕事している様子を観察したり、仕事に従事する従業員の声を聞くと課題がわかることがあります。

> **表Ⅲ-5 「照度の保持」が労働安全衛生規則安全基準として具体的に規定されている主な場所・作業等**
> ・電気機械器具の操作部分　・明り掘削の作業を行う場所
> ・採石作業を行う場所　・はい付け又ははいくずしの作業を行う場所
> ・港湾荷役作業　・高さ2m以上の箇所での作業
> ・軌道の保線の作業又は軌道を運行する車両の入れ換え、連結若しくは解放の作業　・通路

(4) 暑さ（熱中症）

　水分の補給、WBGT値（Wet Bulb Globe Temperature：湿球黒球温度）に基づく作業時間管理、十分な睡眠などの体調管理、暑熱環境への順化などが熱中症予防には重要だとされています。厚生労働省から「職場における熱中症の予防について」（通達）が示されていますので、必ず理解しておいてください。熱中症対策用品なども開発されていますので、利用できそうな物があれば、テスト使用してみるといいでしょう。

　WBGT値は、いろいろな温熱指標の一つで、環境省も熱中症予防サイト等で一般市民の熱中症予防の参考として指標にしています。日本では最もポピュラーな指標になったこともあり、簡易に計測できる計測器が普及し、職場でも利用しているところが増え、ウェアラブルの多機能のものも開発されています。このWBGT値は熱中症予防の重要な指標ですが、この値だけに頼った管理にならないように気を付ける必要もあります。一人ひとりの体調も違いますし、労働の負荷も違い、熱環境への適応力も違います。インナーや保護具を含めた着衣などの影響もそれぞれ違いますし、年齢によっても

適応力は異なると言われています。一人ひとりの置かれている環境を正確にWBGT測定で把握することもむずかしいのが実態です。

客観的な数値で管理することに加えて、従業員自身が無理をして作業を継続して熱中症にならないようにすることが大切です。本人が作業中に異常を感じたら申し出ることと、同僚が熱中症かもしれないと感じたら本人に声を掛けて速やかに対応することも徹底しておいてください。現場第一線レベルの早めの対応が欠かせません。なお、熱中症は、発生後に現れる症状だけでなく、時間がたってから重症化することもありますので、熱中症発生時（熱中症と思われる症状が出た時）に安易な判断や対応をしないよう徹底しておくことが必要です。

当然のことですが、熱中症対策でもっとも基本的なことは、熱中症が発生するような環境を少しでも改善することです。少しの工夫で改善できることもあります。

熱中症事例を職場に伝えて、注意喚起することも大切です。大半の人は、「自分は大丈夫」と思っていますので、実際に発生した事

表Ⅲ-6　暑熱環境改善のちょっとした工夫と留意点の例

・開口部を作り（窓を開けるなど）、外気を入れる。	←1ヵ所だけ開けても外気が入ってこないことがあります。風（外気）の入口・出口を考えて風が通るようにします。
・輻射熱（太陽光も）の直接の影響は遮熱板（仕切り壁、屋根など）で防ぐ。	←遮熱板などが蓄熱して（熱くなって）しまうこともありますので注意がいります。
・ミストを噴霧して気化熱を利用して、気温を下げる。	←湿度が高い所ではあまり有効ではありません。
・扇風機などにより送風する。	←高温・多湿の環境下では効果がないこともあります。

例を随時提供すると熱中症に対する意識を高めることにつながります。事業場内の事例に限らず、社内外の情報を提供することでもいいと思います。直近の情報でなくても、繰り返して過去の事例を提供することも有効です。毎年、厚生労働省からも職場における熱中症（死傷災害）の発生状況が公表されていますので参考にしてください。

(5) 化学物質の取り扱い

　化学物質の種類は膨大で、職場で利用されるものも多様です。衛生管理上特に注意が必要な物質として、「法令で具体的に取り扱いの規制がある物質」「法令で危険有害性についての情報提供が必要とされている物質」「リスクアセスメントの対象になっている物質」「指針や通達で取り扱い方法が示されている物質」「学会などで許容濃度等が示されている物質」があります。ただし、これらの物質は、化学物質全体から見れば、ほんの一部です。新たに化学物質が作られたり、有用な物質が新たに利用されることになっていくことは間違いありません。有害性に関する知見もさらに深まり、従来は気付かなかった影響が判明することもあるでしょう。法令などに基づいて有害な化学物質の管理を確実に実施することに加えて、規制の対象となっていない化学物質であっても基本を押さえた取り扱いを職場に徹底しておいてください。

　なお、化学物質リスクアセスメントを実施して、必要な対策を行うことは不可欠ですが、一方、一回実施したリスクアセスメントの結果の評価が独り歩きしたり、いつまでも見直されなかったりすることがないように注意することも必要です。状態は時々刻々と変化します。設備面の対策が当初は完璧であっても、設備は劣化するも

表Ⅲ-7　化学物質取り扱い時の主な注意点
① 取り扱う物質の危険性・有害性や性状に応じた安全対策を実施してから取り扱いを始める。
② 丁寧に扱う、危険性や有害性のおそれのある物はより慎重に扱う。
③ 設備内で取り扱う時は設備管理を徹底する（漏出防止を徹底する、異常な反応をさせない、安全装置が機能するようにしておく、漏えいガス検知器・警報器を有効に使う、事故などの時の避難通路を確保しておくなど）。
④ 仕事に必要な量だけに限定して使用する。
⑤ 通気のいい場所（換気している場所）で使用する。
⑥ 小分けして使う時は、小分け容器に内容物の名称などを表示する。
⑦ 床などにこぼさない。空気中に飛散させない（密閉する、換気装置を使うなど）。こぼれたら速やかに回収する。
⑧ 化学物質の入った容器は開けっぱなしにしない。ふたはキチンと閉める。
⑨ 決められた場所に保管する。空容器等化学物質が付着した物は発散防止の措置をして決められた場所に置く。

のですし、損傷することもあります。リスアセスメントの結果を活かすとともに、さまざまな変化も前提にした的確な運用が必要です。

　SDS（Safety Data Sheet：安全データシート（法令では「文書の交付」という表現になっている））情報は重要ですが、情報量が豊富で一般の人が読み解くことがむずかしい専門的用語もたくさん使われています。大半のSDSには、「特定化学物質の環境への排出量の把握等及び管理の改善の促進に関する法律」（化学物質排出把握管理促進法、または単に化管法）やJIS Z7253（ISO11014）などに沿って、使用者の健康に関することだけでなく、生態毒性、残留性・分解性、生体蓄積性、土壌中の移動性、オゾン層有害性、

廃棄上の注意なども記載されています。職場で活かすためには、内容を理解しやすく整理する必要があります。化学物質の性状や反応性なども確認して、安全な取り扱いに結び付けることが大切です。衛生管理者として、職場における化学物質の安全な取り扱いに結び付ける視点で、SDSに記載された事項の意味をよく理解しておいてください。

　化学物質の容器や包装に名称、人体への作用、貯蔵・取り扱い上の注意などの表示が義務付けられている物質もありますが、注意事項としてどの物質も似たようなことが書かれていたり、同じ物質でも提供者によって表現が微妙に違っていたりして判断に迷うものもあるのではないでしょうか。現実には、SDSや容器等への表示の情報も活かして、実際の作業での対応の仕方を作業基準書などに明記して、安全に仕事ができるようにしなければなりません。SDSも容器等への表示も、化学物質を提供する側の義務を果たすために詳細な記載がされていますので、化学物質を使用する側としての衛生管理者は、リスクアセスメントの結果も踏まえて、職場で適切な対応ができているかを確認して、安全な取り扱いに結び付けることが必要です。

(6) 急性毒性等のある化学物質

　特定化学物質第三類物質等（特定第二類物質と第三類物質）は大量漏えいにより急性中毒を起こす可能性の高い物質です。ただし、法令の具体的な規制の対象となる物質の濃度と中毒の症状が出る濃度は必ずしも同じではありませんので注意が必要です。例えば、一酸化炭素は重量が1％を超えて含有する場合に特定化学物質になりますが、数百PPMで症状が現れて、1％あれば一呼吸で意識を失

い死につながることもあります。燃焼などによって発生して中毒につながることも少なくありません。法令の規定もありますが、移動して使う場合を含めて、エンジン（内燃機関）のある設備・装置や燃焼機器（厨房機器を含めて）の使用時の換気の徹底と一酸化炭素濃度の監視（検知警報器の利用など）が必要です。

　このような場合の対策として、定置形、携帯形、個人装着形の検知警報器が利用されることが多くありますが、設置の場所、装着の位置、センサーの管理などの適切な管理を行い、正しく検知して、安全な作業に結び付くようにすることが不可欠です。可燃性ガス取り扱い時の管理にも当てはまるところがあります。なお、設備からの漏えいで有害な物質などが検知された時に、検知器ではそれほどの高濃度を示していなくても、漏えい源や発生源近傍では高濃度になっている可能性があります。安易な判断をしないように指導しておくことも大切です。

　また、急性毒性のあるものは特定化学物質に限りません。例えば、有機溶剤では、換気が不十分な室内やタンクなどの塗装や洗浄で死亡災害もあります。教育等で急性毒性の危険性についても周知するとともに、対策を徹底するようにしてください。

　なお、これらの化学物質（急性毒性のある物質に限りませんが）は、比重や換気などの関係で、偏在して（均等に拡散しないで）、部分的に高濃度となっていることがありますので注意が必要です。

(7)　経口毒性等のある化学物質

　口から身体に入ることなどによって中毒症状が出る（経口毒性等がある）主な物質は、「毒物及び劇物取締法」で毒物または劇物として管理が定められています。施錠管理や使用量の管理などが使用

者として必要です。

　また、「毒物及び劇物の貯蔵に関する構造・設備等基準」（通達）が厚生労働省（薬務局）から出されていますので、該当する設備がある場合は、確認しておいてください。もちろん、化学設備や特定化学設備に該当する場合は、労働安全衛生法に基づく管理も必要です。

(8)　経皮吸収毒性等のある化学物質

　腐食性のある物質（酸、アルカリなど）が皮膚や粘膜に触れると、ただれたり、重篤な場合は壊死したりすることがあります。このような物質に触れないようにすることが基本ですが、やむを得ず触れるおそれのある作業では、保護具（手袋、防護服、前掛けなど）を使用することが必要です。腐食性のある物質や脂溶性のある物質（有機溶剤など）が眼に入ると視力が低下するなどの眼の障害に結び付くこともあります。化学物質を取り扱う時には、保護めがねを着用することも必要です。

　化学物質には、皮膚を通して吸収されて健康障害につながるものもあります。このような経皮吸収毒性のある化学物質についても、皮膚に触れないようにする対応が必要です。触れるおそれがある場合は、適切な保護具の使用が不可欠です。

　触れると肌が荒れたり、発疹・発赤などの症状が出る化学物質もあります。アレルギーによる場合もあります。このような化学物質についても、皮膚に触れるような方法で安易に取り扱うことは避ける必要があります。

1. 労働衛生管理のワンポイント

(9) 粉じん（鉱物性粉じん等）

　粉じん作業でなくても、日常生活を含めて粉じんを吸い込むことがあります。粉じんは、人に作用する有害要因の量・反応関係の中で、閾値がある（一定の量を超えないと反応がでない）ものの代表だと言っていいでしょう。それだけに、粉じんに対して安易に考える人がいたりします。法令に規定されていることを実施することが基本ですが、法定の粉じん作業でなくても、粉じんの発生が見られる場合は、作業環境対策や防じんマスクの着用などを徹底してください。防じんマスク着用が習慣化していない人は、着用に負担を感じると思いますが、慣れると着用せずにいられなくなる面があります。初めて使用する従業員がいる場合は慣れるまで粘り強く着用の指導をしてください。

　作業場に堆積した粉じんの除去で、掃除機を用いることがあると思いますが、除じん性能をよく確認しておいてください。除じん性能が悪いと、細かい吸入性の粉じんをまき散らすことになっているかもしれません。

　繊維状物質などには、その形状に起因すると考えられる有害性が見られることがあります。石綿は製造禁止物質になっていますし、リフラクトリーセラミックファイバー（RCF）は特定化学物質になっています。

(10) 酸素欠乏症等

　法令に規定されている対策を実施することが基本ですが、酸素濃度の測定と換気について留意すべきことがあります。

測定は、作業が安全にできることを確認する手段です。作業環境測定基準で測定点が示されていますが、測定点数が多くなっても念には念を入れて測定するということが必要です。時間経過とともに酸素等の濃度が変動するおそれがある場合は、継続しての測定も必要です。また、測定の結果、酸素濃度が18％あればOKということではなく、21％を下回るような場所があれば酸素欠乏になる原因が作業場にあるということですので、詳細に測定するとともに、徹底して酸欠の原因を確認することが必要です。

　換気は、大きく分ければ、排気する方法と送気（給気）する方法、あるいは両方を併行して行う方法があります。どの方法が適しているかは、場所によって異なりますが、いずれの場合でも、換気されずに酸欠の空気等が滞留している場所が残っていることがありますので、酸素濃度測定などによる確認が不可欠です。

(11) 騒音

　騒音対策については、厚生労働省から「騒音障害防止のためのガイドライン」（通達）が出されていますので確認してください。

　騒音レベルは、音圧（音が伝わる時に変動する圧力）の対数値（正確に言えば、最小可聴音圧レベルとの比の対数値の10倍）を、聴感特性（周波数毎の人の聞こえ方）を加味して補正した数値をdB（デシベル）で表すことになっています。対数値を用いるのは、「感覚量は、受ける刺激の強さの対数に比例する」という、ウェーバー・フェヒナーの法則を反映したものです。騒音レベルは純粋の物理量とは違うとか、音の大きさ（ラウドネス）は別の単位があるとか、航空機からの騒音影響は特別の指数で評価するとか、とても複雑です。作業環境の騒音でも、衝撃騒音については定常的な騒音とは別の許

容基準が日本産業衛生学会で示されています。騒音問題への対応が必要な時は確認してください。

　上述のとおり、騒音レベルは音圧の対数値です。騒音対策をする時に、騒音源がたくさんある作業場では、徹底して音源対策をしなければ騒音レベルは下がりません。騒音は、無駄なエネルギーが音となって放出されているということが大半ですので無くしたいものですが、多様な音源があり、音源対策は結構むずかしいと思います。ただし、単に機械設備や工具の異常や整備不良に起因する騒音もあります。対策をする場合は、よく調査して、効果を見通して行うことが必要です。

　音源対策がむずかしくても、音を遮断するとかばく露時間を短くするといった対策もあります。防音カバーで音源を囲うとか、遮音板（壁）を用いるといった対策のほか、休憩室や運転室を防音構造にしてばく露する音の総量を減らすといった対策もあります。

　耳栓やイヤマフ（耳覆い）を使う場合は、使い方次第で遮音効果が大きく異なりますので、キチンとした装着ができるように指導することも欠かせません。また、耳栓などの遮音効果には限界がありますし、音の周波数によっても遮音効果は異なります。過度に耳栓に頼った判断をしないようにしてください。なお、職場だけでなく、大音量で音楽を聴くことも騒音へのばく露と同じですので、安全衛生教育等ではこの点の注意喚起もしておきましょう。

(12)　振動工具

　厚生労働省の「チェーンソー取扱い作業指針」「チェーンソー以外の振動工具の取扱い業務に係る振動障害予防対策指針」（通達）を参考に必要な対策を実施してください。

振動工具は重量のあるものが多くあります。重量を支えながら工具を使うと負荷が大きくなります。振動工具そのものの整備・改善（人体に伝わる振動の軽減、工具のバランス）、機械化・自動化、工具の保持力の軽減（バランサーなどを使う）、不安定な姿勢の改善が振動による負荷を軽減させます。保護具（防振手袋）も使うことで、身体に伝わる振動は軽減されますが、振動工具取り扱い業務としての管理は必要です。なお、手袋は、冬季などは保温効果もありますが、濡れることにより皮膚温が下がることがないように注意が必要です。ほとんどすべての振動工具は、騒音を発しますので、耳栓等の着用も必要です。

⒀ 局所排気装置、プッシュプル型換気装置、全体換気装置

法令で定期自主検査や点検が義務付けられ、定期自主検査指針（厚生労働省告示）も制定されていますので、規定内容に従って適切な管理を行うことが基本になります。自主的に設置した局所排気装置なども同じように管理するといいでしょう。

これらの換気装置で一番大切なことは、排気したいものが排気されることです。当たり前のことですが、これらの装置の効果を判断する時の視点として非常に大切です。排気される空気の供給があり、どこからどのように空気が流れてきて、排気したい物（有害物質等）と一緒に排気されるのかを確認してください。この確認のためにはスモークテスターが簡便でとても有効です。

全体換気も空気の流れで換気効率が変わりますので、確認してみてください。事務所の換気でも同じです。密閉した（空気の入口のない）部屋でいくら換気扇を動かしてもなかなか十分な換気はできません。空気の入口が必要です。

(14) 密閉設備、陽圧室

　密閉設備は、当たり前ですが、密閉されていなければいけません。設備の変形・損傷などによる隙間がないかの確認が必要になります。内部を負圧にして漏えいを防ぐ方法もありますが、大型設備では設備内の気圧は必ずしも均一にはなりませんので、漏えい可能性のあるところが負圧になるようにする工夫が必要です。
　室外からの有害な物質などの侵入を防ぐために運転室などの室内を陽圧にすることがあります。この場合も、室内の気圧の分布は必ずしも均一にはなりませんので、給気口の配置などに工夫が必要です。

(15) 保護具

　「保護具は最後の砦」などという言い方をされたりすることがありますが、「最前線」で活躍することも少なくないのが現実でしょう。安全衛生保護具の安全性や使いやすさなどは向上してきており、今後もさまざまな面で性能向上が図られ続けるのだろうと思います。ただし、いくら性能がよくなっても、実際に使った時にその性能が十分に発揮されるようにすることが欠かせません。確認しなければならないことは、「保護具で防護しようとしている対象と保護具の性能が合っていること（例えば、作業環境中に高濃度の有機溶剤がある作業では防毒マスクの使用は危険です）」「使用する環境（暑熱環境、場所、空間など）・作業（動き、労働負荷、視界など）に合っていること」「保護具が使用する人（サイズ、身体の形状、身体機能など）に合っていること」などです。さらに使い始めてからは、「効

果が発揮されるように装着すること」「性能が維持されていることを確認（点検）すること」「性能が劣化したもの（本体、部品）は交換すること」などです。これらのことができていてこそ、保護具の性能が発揮されるということになります。なお、非常用の保護具（空気呼吸器など）は日常的に使用しないため、点検などの管理が不十分になったり、必要な時に使い方がわからないといったことにならないようにしておくことが必要です。

　保護具を使用すると、使用する人に負担が掛かりますので、使用者が負担軽減のために細工をしてしまう（例えば、呼吸用保護具の排気弁を取り外してしまう）といった可能性もあります。見た目では保護具をきちんと装着していても効果がないということになります。教育で保護具の意義などを使用する従業員にしっかりと伝えるとともに、正しく使われているかを職場で（巡視などの機会に）確認することも必要です。点検や整備については、保護具メーカーから情報を得て、職場で適切に実施できるようにしておくことが不可欠です。

　衛生管理者は、保護具に関する新しい情報（開発などを含めて）を入手するなどして、より適切な保護具を選択し、正しく使用できるようにしておきましょう。また、保護具の性能や使い勝手に課題があると感じたら、保護具メーカーに伝えたり、改善の提案をすることも大事です。

(16) 検知警報器

　「(6)　急性毒性等のある化学物質」と「(10)　酸素欠乏症等」の項でも触れましたが、「有害なガス等の漏えいの有無を確認するための携帯形測定器、定置形測定器・警報器」、「急性中毒などを防止す

るための個人装着形の検知警報器」を用いている事業場では、これらの測定器・警報器を適切に管理（点検、センサー交換等）し、正しく利用されるようにする必要があります。有害要因に接する職場で測定等を行うことになりますので、測定が適切に行われているか（安全な状態を確認できる方法で行われているか、測定者は安全な状態で測定を行っているかなど）、測定の結果が安全対策に反映されているか、必要な記録が残されているかなどについて、衛生管理者として随時確認するようにしてください。事業場で測定器・警報器を使用している場合は、事業場として管理の基準を決めて、職場で適切な使用と管理ができるようにしておくことが必要です。正しい測定のためには関係従業員に対する教育等も欠かせません。個人装着形の検知警報器は、装着する位置が重要ですので、この点についても指導が抜けないようにしてください。

(17) 人間工学の職場適用

　「頑張ってできることは多少無理をしてでもやってしまう」ということはないでしょうか。必ずしも悪いことではありませんが、身体にとって過負荷であったり、ミスにつながったり、かえって効率や品質が悪くなったりといったことになってしまわないようにしたいものです。「無用な負荷は減らしたい」と言い換えることもできます。

　人間の心身の特性を理解して、このような負荷に気付き、改善することができれば、従業員にとっても、経営にとっても意義のあることです。衛生管理者としてもやりがいを感じられる改善の視点だと思います。このような視点に立った研究や技術を人間工学（エルゴノミクス）と言います。

人間工学と言うと、腰痛だとかVDT対策を思い浮かべる人も多いと思います。重要な課題ですが、考え方を適用すべき分野はとても広範囲にわたります。人間工学の視点を表Ⅲ-8に例示しました。
　わかりやすい事例をあげましたが、実際の現場でどのようにして人間工学面での課題に気付くかといえば、実際に作業をしている従業員が、「楽に間違いなく仕事ができるようになるかという目で作業を見直す」とか、衛生管理者等が「このような目で現場を見る」、あるいは「実際に作業をやらせてもらって気付く」ということが簡単な方法です。チェックリストを作ってみることもいいかもしれま

表Ⅲ-8　人間工学の着眼点の例

・合図に応じて何かのアクションを取るという時に、いきなり合図があるよりも、「さん、に、いち」とカウントダウンされた方が、タイミングにあわせて正確な動きができます。
・座って操作する機械の操作盤の手前に脚が入る空間がなければ、上半身が前傾になり、腰や頸部などに負担が掛かりますし、正確な操作をしようと思えば、上半身を支えることも必要になります。
・足元が滑りやすければ、安定した姿勢で仕事ができず、災害に結び付いたり、品質・生産性にもマイナスです。
・障害物があって肘を上げた状態で前の方にあるものを摑もうとすると、肩などに負担が掛かるだけでなく肘が障害物にあたったり、うまく摑めないことがあります。
・歩いていて上部の障害物などに頭をぶつけたことのある人がいると思いますが、歩いている時の自然な視線が下方を向いているからです。ぶつけそうなところ（上の方）に頭上注意などと書いておいても、表示が眼に入りませんからあまり意味はありません。縄のれんを自然な視線の高さまで垂らす方が効果的です。
・手で握ることのあるレバーや工具等の把持部は、太すぎても細すぎても使いにくいですし、力が入らない、正確に作業ができないということにつながります。

せん。

　人間工学は、大きな意味では安全衛生管理全般に関わると言ってもいいでしょう。日本人間工学会のホームページなどで人間工学の考え方を確認してみてください。筆者と関係の深い公益財団法人大原記念労働科学研究所でも、人間工学の視点を含めた参加型の職場改善のサポートを事業の一つとしています。

　厚生労働省の「事業者が講ずべき快適な職場環境の形成のための措置に関する指針」（告示）や「機械の包括的な安全基準に関する指針」（通達）などにも人間工学の考え方が反映されています。

(18)　腰痛

　腰痛予防に関しては、厚生労働省が「職場における腰痛予防対策指針」（通達）で対応のポイントを提示していますので、確認しておいてください。

　重量物を取り扱う時だけでなく、予想外の負荷によっても、腰痛などが起きることがあります。身体の構えと実際の負荷に落差がある時で、「重いと思っていたのに軽かった」「重心の位置がまったく予想外の位置にあったり不安定だった」「手が滑った」などです。足元が不安定でよろついた時や不自然な姿勢で物を持つ時にも大きな負担がかかります。予想外のことがないように、取り扱うものの状態や周囲の状態を予め確認しておくことも大切です。

　また、介護などで支える相手（介護対象者）が思わぬ動きをして腰などに大きな負荷が掛かることがあります。ケガに結び付くおそれもあります。介護業務の腰痛予防のポイントについても厚生労働省（中災防）から資料や教育テキスト（高齢者介護施設における雇入れ時の安全衛生教育マニュアルなど）が示されていますので参考

にしてください。介護関係の業務以外の腰痛対策にも参考となる考え方が提示されています。

　腰痛予防のための補助用具があります。腰への負担は軽くなると思いますが、負担が軽くなった分、より重たい物を持つなどいうことにならないようにしましょう。

(19)　VDT等

　厚生労働省から「VDT作業における労働衛生管理のためのガイドライン」(通達)が示されていますので確認してください。ただし、機器や机・イスなどの配置や調整については、現実にはガイドライン通りにすることがむずかしいこともあると思います。VDT作業従事者への労働衛生教育を行う時には、理想的な形を強調するだけでなく、負担軽減の基本的な考え方を伝え、個人個人でも工夫するように指導することが必要です。眼鏡等による視力等の調整が不適切な場合も疲労につながりますので、仕事の内容に応じた使い分けを含めて、適切な眼鏡等を使用するように指導することも大切です。

　なお、VDT（Visual Display Terminals）とは言えませんが、タッチパネル型などの操作盤、スマートフォン、タブレットなども類似の課題があります。眼に対する負荷のほか、同じ姿勢を長く続ける負荷が大きくなります。長時間使い続けるような作業がないか確認してください。

(20)　放射性物質・電離放射線

　放射性物質は、労働安全衛生法関連の規定の他に原子力規制委員会所管の法令などの規定に沿って管理を行うことになります。

ICRP（国際放射線防護委員会）の勧告を踏まえた内容が基本となっています。

　日本には、原子爆弾の被ばくや、核燃料臨界事故、東日本大震災の原子力発電所事故による汚染の経験もあります。これらは核分裂反応に関連したもので、一般の事業場では直接関係ないと思うかもしれませんが、放射線の影響という面では教訓があります。放射性物質の管理は、慎重に確実に行うことが不可欠です。衛生管理者の所管業務ではないかもしれませんが、計測装置や分析装置などで小規模線源が使用されている設備もあり、不適切な廃棄や盗難の防止についても対策が必要です。放射性物質の取り扱い以外の、電離放射線（X線など）の使用についても的確な管理が必要なことは言うまでもありません。

　なお、電離放射線への被ばくは、自然放射線や医療（胸部エックス線検査、胃部透視検査、CT検査など）での被ばくがあることを、衛生管理者として認識しておくことも必要です。

(21)　有害光線・レーザー

　赤外線や紫外線などの一般的な有害光線のほか、マイクロ波などの健康影響についても確認しておいてください。電磁波（電界、磁界）などの健康影響も話題になることがありますので、機会があれば、知識を得ておくといいと思います。なお、高周波誘導加熱装置などは強い磁界が発生しますので、ペースメーカーの動作に影響が出ることがあります。衛生管理者としても注意してください。

　レーザーについては、厚生労働省から「レーザー光線による障害防止対策要綱」（通達）が示されていますので、必要な場合は確認してください。レーザーはいろいろな機器に組み込まれたり、レー

ザーポインターとし使用されたりと事務的な職場でも身近なものです。レーザーによる健康障害（眼の障害など）の事例は少ないですが、低出力の可視レーザー（クラス1M・2M）であっても、鏡面反射の場合を含めて、眼に入ると眩惑などの原因になり、事故などに結び付くことも考えられます。高出力のレーザーは、精度の高い対策がとられているはずですが、時間の経過とともに反射や吸収のための囲い・壁などが損傷したり、不適切な方法での点検・整備が行われたりという可能性が出てきます。レーザーが身近な存在になればなるほど、安全衛生教育が重要です。専門的な知識も必要ですので、衛生管理者だけで対応することはむずかしいこともあると思いますが、専門家やメーカーなどの協力を得て、確実に実施するようにしてください。

⑵ 作業空間

　法令で気積として基準が設けられていますが、安全に効率的に仕事をするために、適切な作業空間は不可欠です。点検整備や清掃の仕事では、狭隘で自由度のない空間での作業もあるかもしれません。職場を見る時には、適切な空間が確保されているかを確認しておきましょう。なお、作業をする従業員の姿勢の安定や動線などのことも考えて作業空間を見るようにしてください。

⑵ 快適職場

　「事業者が講ずべき快適な職場環境の形成のための措置に関する指針」（厚生労働省告示）で考え方が示されています。積極的に取り組んでいる業界もあります。指針に個々に示されている措置を確

認することも大切ですが、従業員が快適な環境下で仕事ができれば、仕事の効率や質も上がると思います。発想として安全衛生管理のベースとなるでしょう。

(24) 許容濃度等

　許容濃度等は、さまざまな情報に基づいて、労働衛生の専門家が利用することを前提に、労働者の健康障害を予防するための手引きとして示された値です。個人ばく露測定の結果の評価などにも用いられます。日本では日本産業衛生学会の「許容濃度等の勧告」が広く利用されています。海外のものでは、アメリカのACGIH（米国産業衛生専門家会議）の許容限界値等の勧告がよく引用されます。有害な化学物質に関しては短時間ばく露、生物学的許容値（代謝物濃度）、発がん性や皮膚からの吸収などについても記載があり、必要な時は参考にできます。騒音、高温、振動などの許容基準も示されています。これらの許容濃度等は容易に確認することができますが、許容濃度等の意味や利用上の注意が前文などに記載されていますので、利用する時は確認してからにすることが必要です。許容濃度等は、新たな知見等に基づき、随時見直しがされます。

(25) 労働基準法就業制限

　労働基準法では、女性と年少者の就業制限が規定されています。遺漏のない管理ができているか確認しておいてください。協力会社（請負会社）などでも適切な管理が行われているか随時確認しておきましょう。

⑯ ダイバーシティの視点

ア．体格や能力差への対応

　従業員一人ひとり、身体面でも、業務遂行に関連する能力にも違いがありますし、違いがあって当たり前です。安全衛生管理では、一律に実施せざると得ないこともたくさんありますが、個人差があることも忘れないようにしましょう。個人差は、個人でこの差をカバーできないこともあります。身長差、手の大きさ、利き手、視力などはわかりやすい例です。

イ．経験差への対応

　一般的に、新入従業員・職場配転者（新規作業従事者）とベテラン従業員では、業務遂行力に差があります。安全衛生に関する判断力にも経験差があります。同じ情報に接しても、受け止め方が変わります。ベテランは、前後・周辺の状況を踏まえた判断をできても、新人にはなかなかむずかしいことがありますので、丁寧に指導することが必要です。ただし、新人ならではの視点・感性が安全衛生管理を見直す切っ掛けになることもあります。

ウ．加齢による影響

　加齢による影響を受ける機能とその対応としては表Ⅲ－9のようなことがあります。職場の安全衛生改善活動で改善できることも少なくないと思います。高齢者という区分で特別な配慮が必要だと考えるのではなく、すべての従業員が働きやすくするためにと考えた方が職場に受け入れられやすいでしょう。

　加齢による機能低下は、運動や習熟によってその影響を小さくで

表Ⅲ-9　加齢による機能変化

主な機能変化	対応の例
目の調節機能低下（老眼）	明るくする、字を大きくする、境界のコントラストをはっきりさせる、適切な眼鏡等の使用
動体視力低下	センサーなどを使う
明暗順応力低下	極端な照度差を減らす、屋外出入口などの段差や危険な障害物をなくす
聴力低下（特に高音域）	信号音などを工夫する、伝達内容を復唱するようにする、環境騒音を低減する
短期記憶力の低下	メモなどを活用する
反応時間遅延	対応しなければならないスピードを調整する
筋力の低下	補助工具や運搬機を使う、負担の少ない作業姿勢を取れるようにする、座位作業を取り入れる、持ちやすくする（滑り落としにくくする）
下肢筋力低下（躓きやすくなる）	床のデコボコや段差をなくす、階段や昇降設備の踏み面を滑りにくくする
重心の不安定化	高所作業の安全対策を確実に実施する、不安定な足場を改善する、大きな段差をなくす

きることもあります。職場の健康保持増進の取り組みや各従業員の健康づくりにこのような視点もあるといいでしょう。若い時から安全で的確な行動を習慣化しておくことも大切です。

　独立行政法人高齢・障害・求職者雇用支援機構の資料にも職場改善ノウハウなど参考になることが掲載されていますので、必要な場合は参考にしてください。

エ．男女差への配慮

　男性と女性は体格や体力だけでなく、生理機能などにも違いがあります。女性の化学物質取り扱い作業、重量物取り扱い作業、長時間立業などについては労働基準法（女性労働基準規則）に規定があ

ります。法令に決められていることを順守することは当然ですが、生理時の体調などについても配慮が必要ですし、次世代を生み出す母性保護の観点も不可欠です。女性が中心になって事業場としての対応について検討するということも有益だと思います。一方、女性中心だった職場で男性が働く場合にも、配慮が必要なこともあります。

オ．障害者への配慮

障害の内容を理解して、安全に一人ひとりの能力を発揮できるようにすることが基本です。衛生管理者の視点で、配慮が必要だと考えることは関係者と相談して対応してください。独立行政法人高齢・障害・求職者雇用支援機構の取り組みも活用できます。

カ．外国人従業員への配慮

関係法令に従った実習受け入れや雇用が前提となります。言葉や文化・習慣の違いに配慮が必要です。安全衛生面では、言語の違いを踏まえた教育の実施と表示、作業基準などの整備が基本となります。文化・習慣の違いが事故や災害に結び付くことのないように、作業方法や危険有害要因を丁寧に説明・指導することが必要です。日本での仕事や生活に慣れていない間は、相談窓口を明確にして、気軽に疑問や不安に応えるようにすることも大切です。

⑵ 健康管理手帳の交付と過去から引き継ぐ課題

Ⅱ編－9にも記載していますが、健康管理手帳交付対象者や過去に従事していた有害業務（石綿等の取り扱いなど）による健康影響について、相談を受けることがあるかもしれません。このような相

談があった場合は、事業場関係者と相談したり、必要に応じて労働基準監督署に相談しながら、誠実に対応することが基本です。

2. 健康管理のワンポイント

健康管理について気を付けたい視点を取り上げて紹介します。具体的な対応については、それぞれ詳しい記載のあるテキストや文献などがありますので、そちらで確認してください。

(1) EBM・EBHC

1990年代の後半頃からでしょうか、医療の世界ではEBM（evidence-based medicine、根拠に基づく医療）という考え方が広がってきました。筆者の知る限り2000年代の初めには日本の健康管理関係者の間でEBHC（evidence-based healthcare、根拠に基づく健康管理）が口にされるようになりました。医療専門家ではない筆者は、この言葉を最初に聞いた時には、「このようなことが強調されるほど、医療や健康管理の世界は根拠があいまいなことをしているのか」と驚きを感じました。

このように書くと、医療専門家はいい加減なことをしていたと思うかもしれませんが、そういうことではありません。経験的なことも含めて、その時代時代に正しいと確信することを根拠に健康管理に関わってきたということです。おそらく今後も医学の進歩とともに「根拠」は変わっていきます。「絶対」と言えることは限られているのかもしれないと思いながら、健康管理の在り方を考えることも大切だと思います。

また、流行という言葉は適切ではないかもしれませんが、安全衛生管理（特に健康管理）はその時々に注目されている考え方に左右

され、よく言えばニーズに対応して、取り組みの重点が変わってきています。法令の改正などへの対応を含めて重点的に取り組むべきことは変わる面がありますが、従来からの課題が無くなったということではない場合が多いと思います。

健康管理に限りませんが、流行という意味では、カタカナ語（英語などのローマ字読みを含めて）やむずかしい言葉が用いられることがあります。筆者もよく使います。目新しさ（施策の目新しさ、言葉の目新しさ）があることを理由に施策を導入したり、充実させたりということが有効なこともありますが、次々と従業員に向けて発信することは安全衛生管理（健康管理）の形骸化を生む可能性につながりますので、注意が必要です。

(2) ストレス／メンタルヘルス

「労働者の心の健康の保持増進のための指針」（厚生労働省公示）に基本的な考え方が提示されていますので確認しておいてください。また、さまざまなテキストが出版されていますし、関連の研修も開催されています。

強調しておきたいことは、長時間労働等客観的な労働負荷に起因する場合を除き、「人によって違う」ということです。人が育つ過程は人それぞれに違い、その過程の中で身に付いた考え方や反応の仕方も人それぞれです。さらに私生活や家庭の状況もさまざまです。仕事・職場でのさまざまな出来事の受け止め方も一人ひとり違います。立場によっても違います。このようなことを前提にして、ストレスやメンタルヘルスの問題を考える必要があります。ストレスの原因（ストレッサー）、ストレスに対する感受性、ストレスに耐える力（耐性）、ストレスの心身の状態への現れ方（ストレス反応）、

回復の方法や過程は、人によって違います。

　メンタルヘルスケアに関しては、状況にもよりますが、「話を聴く」ことが大切だと言われています。話をすることで気持ちの整理がついたり、自分で解決方法を見出したりということにつながることが期待されています。ただし、管理監督者は「聴く」ことより「言う」こと、特に「指示を明確に与えること」を役割として強く意識していたり、意識しなくても身に沁み込んでいたり、さらには指示することが評価されることと思い込んだりしていることが多いと思います。先輩・後輩の関係でも同じようなことがあります。このようなことも頭に置きながら、職場の対応を進めることが必要です。同僚、友人、家族などや医療専門家・カウンセラーなどが「話を聴く」方がいい場合もあります。

　ともするとメンタルヘルスの問題は、個別の問題に目が行きがちですが、職場におけるメンタルヘルスの問題は、基本的には職場マネジメントの問題だと思います。従業員一人ひとりが前向きに持てる能力を発揮するようにするということでしょう。

　なお、「環境改善」という言葉は、このような職場のマネジメントや就業環境の改善のことを指します。「環境改善」という言い方は、関係者の間で一般化していますが、職場の作業環境の改善（有害因子や不快因子に対する改善）と同じ表現となっていることに筆者は違和感があります。職場に対しても、専門家などの使う言葉をそのまま使うと、浸透しにくい場合がありますので注意が必要です。

　なお、職場メンタルヘルスの問題への対応は、事業場で行うことが基本になりますが、社外の専門家（カウンセラーやEAP、メンタルクリニックや心療内科など）による対応が適切な場合もありますので、事業場として専門家と連携できるようにするとともに、従業員が気軽に専門家にサポートしてもらえるようにしておくことも

大切です。

(3) 交代勤務・不規則勤務

　交代勤務制や夜間勤務制をとっている事業場もあると思います。交代勤務や夜間勤務のあり方（勤務・交代時刻、一勤務当たりの労働時間、休憩・仮眠、休日の設定など）やその影響（睡眠、疾病、作業能率、社会生活など）について研究もされ、議論もされてきました。安全衛生面での課題は、交代勤務や夜間勤務に起因すると考えられる健康影響と疲労がまず着目すべきところです。

　長時間労働や働き方の見直しの面で、勤務制度の見直しや導入の議論が事業場内で行われる（行われている）かもしれません。衛生管理者としては、産業医とも連携しながら、従業員の健康管理の視点で検討に加われるようにしておきたいと思います。不規則勤務についても、健康管理の面から注視しておく必要があります。

　交代勤務、夜間勤務や不規則勤務に従事する従業員に対して、生活リズムや睡眠などに着目した健康教育も必要です。関係する出版物や報告もありますので、必要に応じて参考にしてください。

(4) 救急法

　救急法は、ケガや病気が発生した時の応急措置となりますが、実際に応急措置が必要な場に応急措置ができる人がいなければ応急措置はできません。とは言っても、全従業員が救急法を習得しておくということもむずかしいと思います。

　救急法には、広範囲な内容がありますので、事業場あるいは職場に合った（いざという時に役に立つ）範囲で教育等を行っておくと

いうことになります。消防関係機関が行う救急法関連の講習を受講できる場合もあります。なお、救急法の教育は、安全に対する意識を高めるという効果もあります。AEDが設置されている場合は、必要な時に躊躇なく使えるようにする指導は幅広くしておくことが必要でしょう。

　酸欠の特別教育では、救急蘇生などについても教育を行うことになっていますが、酸欠や急性中毒のおそれのある物質を使っている職場では、酸欠や急性中毒発生時の被災者救出などの対応についても、二次災害防止の観点も含めて繰り返しての教育が必要です。

(5)　治療と仕事の継続

　治療をしながら仕事を続けることを希望する従業員のニーズが高くなってきていることや、事業場として人材の確保の必要性があることを背景に、治療と仕事の両立を推進していくための取り組みが求められています。特に継続的に検査や治療が必要な疾病（がんなど）については、厚生労働省は、この考え方を整理して提示するとともに、取り組みの手引きも公表しています。内容を確認して、事業場としての対応を整理しておきましょう。

(6)　健康保険組合との連携

　従業員の健康と深い関わりのある組織として健康保険組合があります。企業（グループ）が単独の健康保険組合を組織していたり、業界などで健康保険組合をつくっていたり、いずれでもない場合は全国健康保険協会（協会けんぽ）に加入しています。前二者を組合健保といいます。健康保険の保険料は事業主と被保険者とで保険料

を折半して（組合健保の場合は必ずしも折半ではありませんが）負担しています。公務員などは共済組合が医療保険を担っています。

　組合健保以外ではむずかしいと思いますが、健康管理の取り組みで健康保険組合と連携して取り組むことも考えられます。健康保険組合は、保健事業費としての疾病予防費、体育奨励費、保健指導宣伝費を予算に計上して、疾病予防に取り組んでいます。対象となる従業員（健康保険組合員）は重なっているはずですので、連携して取り組むと効率的ですし、一貫性のある健康管理施策を実施することにつながります。ただし、健康保険組合は、組織としては会社とは別ですし、健康保険の目的に沿った事業を行うということです。健康保険組合事務局とよく相談しながら検討してください。

　また、健康保険組合員（従業員）の医療費に関する統計やその解析結果などは、事業場での健康管理施策を考える上で参考になりますが、健康保険組合には守秘義務もありますので、個別データではなく、全体の統計に関してということになります。それぞれの健康保険組合の考えもあると思いますので、この点もよく相談してみることが必要です。

(7)　休職と復職

　心身の不調で、勤務を休まざるを得ない従業員がいます。通常は、不調から回復すれば復職することになります。

　一般的に言えば、休職は、従業員にとって収入減につながることもあり、望ましいことではない面がありますので、ギリギリの状態まで「頑張って」しまうこともあります。また、事業場にとっても就業者の減になり避けたいところですが、無理を重ねさせることによって、逆に長期間の療養が必要になることもあります。長い目で

本人の健康のことを考えた対応をとることが必要です。

　復職も、従業員にとっては「頑張って」仕事に戻ろうとする面があります。復職の判断を誰がするのかは非常にむずかしい問題です。本人の意向を踏まえてということは前提ですが、主治医が全責任を負って「復職できる」と判断できるかと言えば、むずかしい面があります。主治医の意見を無視して判断することもできません。産業医が判断するのかと言えば、必ずしも適切だとは言えないと思います。事業場の人事部門や職場（管理監督者）が自分たちの判断だけで復職を決めることもできません。復職は、さまざまな問題を含んでいますので、その手続きや判断基準について制度として決めておくことが大切です。労働組合（従業員代表）の意見も聞いて、安全衛生委員会に付議して、関係者が納得の上での運用ができるようにしてください。

(8) 感染症対策

　感染症対策は、流行が始まって、マスコミなどで大きく取り上げられたりすると、事業場としても力を入れて取り組むということになっていないでしょうか。マスコミが取り上げなくなると事業場の取り組みも縮小していくということはないでしょうか。

　風邪も感染症ですし、致死率の高いエボラ出血熱なども感染症です。病原体・感染源も、感染の経路も、予防方法も、治療方法もさまざまです。すべての感染症に対して予め備えることはできないと思いますが、感染が従業員に一気に拡大して事業にも大きな影響を及ぼす可能性のある感染症については、教育や啓発を通して従業員の意識を高めておくとともに、事業場としてBCP（事業継続計画）を整備して、関係者が一つの方針の下に対応できるようにしておく

ことが大切です。このような備えをしておくべき対象の代表格が新型インフルエンザでしょう。政府も「新型インフルエンザ等対策ガイドライン」などを制定していますので、事業場としての対応についてもこれに照らして確認しておいてください。

　なお、季節性のインフルエンザなども事業場内で流行すると事業に支障を来すことも考えられます。予防接種の勧奨や基本的な感染症予防に関する教育・啓発を行っておくことも意味があると思います。このほか、性感染症（HIV／エイズ、梅毒など）の予防教育も必要に応じて実施することになります。関係の資料などが厚生労働省などから公表されていますので参考にしてください。

　また、海外派遣者・出張者には、赴任先・出張先での状況に応じた感染症予防が必要になりますので、赴任・出張前に必要な情報を確認し、必要な対応を取ることができるようにしておいてください。

表Ⅲ－10　感染症の主な広がり方と種類

感染経路	概　　説	該当する感染症
飛沫感染	咳やくしゃみの飛沫で広がる	いわゆる風邪、インフルエンザ、風疹など
空気感染（飛沫核感染）	飛沫の水分が空気中で蒸発して飛沫核（微粒子）になっても感染が広がる	麻疹（はしか）、結核など
接触感染	皮膚や粘膜を通して感染が広がる	性感染症、エボラ出血熱など
経口感染	感染動物由来の肉や、糞便で汚染された水などによって感染する	病原性大腸菌（O157など）、赤痢など
節足動物媒介感染	蚊やダニなどを介しての感染が広がる	日本脳炎、マラリア、デング熱など

(9) 産業医巡視

　産業医巡視は、産業医の義務です。法令上は、「作業場等を巡視し、作業方法または衛生状態に有害のおそれがある時は、直ちに、労働者の健康障害を防止するため必要な措置を講じなければならない」ことになっており、この権限を事業者が与えなければならないとされています。衛生管理者の巡視と違うのは「設備」に関して義務を負っていないことです。衛生管理者の巡視についての記載でも触れましたが、巡視を行っている時に「直ちに」措置を講じなければならない場面に遭遇することは稀だと思います。

　また、産業医巡視がいわゆる大名行列のように大人数を引き連れて巡視し、最後に「先生、ご講評を」などという進め方は、筆者としてはお勧めしません。産業医巡視では、産業医に、職場の状況をじっくり見てもらい、従業員にも声を掛けてもらいましょう。従業員から見ても、「職場の実態をよく知った上で健康管理に取り組んでもらっている」と認識できるいい機会です。衛生管理者が同行することが多いと思いますが、衛生管理者の方が、職場の実態や労働衛生対策について知見を持っていることも少なくないはずです。衛生管理者は、巡視時に課題を産業医と話しながら、職場の衛生管理水準を向上させるための時間を共有できればいいと思います。

　なお、産業医は、医師として健康診断を実施したり、長時間労働やストレスチェックの結果を受けて面接指導をすることもありますので、産業医巡視の機会に従業員の業務や職場の雰囲気などを見たり感じたりしてもらうことも、的確な診断や面接指導などを行う上で大切です。もちろん、産業医巡視の時以外にも、産業医が職場（作業場等）に出向くこともあると思いますので、必要に応じて衛生管

理者としてサポートすることになります。

⑽　健康経営

　健康経営とは、従業員等の健康管理を経営的な視点で考え、戦略的に実践することです。従業員等への健康投資を行うことは、従業員の活力向上や生産性の向上等の組織の活性化をもたらし、結果的に業績向上や株価向上につながると期待されます（経済産業省ホームページから抜粋）。このように、健康経営が注目され、健康が「投資（第三者評価）」や「リスクマネジメント」の面でも重要だとする考え方があります。事業場にとっても従業員にとってもプラスになりますが、「経営のための健康」ではなく、「従業員の健康を大切にすることを含めた的確な職場マネジメントが、結果として経営にプラスになる」という発想の方が、従業員にも経営にも無理のない実効の上がる取り組みになるのではないでしょうか。事業場内での打ち出し方には工夫がいると思います。

3. 情報の入手と自己研さん

　衛生管理者は、事業場の衛生管理に必要な情報を入手し、活用して、事業場の衛生管理に結び付けていくことが求められる立場です。インターネットなどで誰でも情報を入手しやすくなっていますが、インターネットに限らず事業場の安全衛生管理に必要な情報源にアクセスして、事業場の安全衛生管理に活かすことが必要です。衛生管理者として信頼される業務を行うためにも、情報収集と自己研さんは欠かせません。

(1)　最新情報を受け取る

　事業場が労働基準協会連合会や労働基準協会の会員であれば、会報などで法改正の情報や法改正説明会の開催案内などを確認することができます。中災防や建災防などの災防団体の会員になったり、定期刊行誌を購読していれば、幅広く安全衛生管理の情報を得ることができます。このほか、安全衛生関連の団体のメール情報サービスに登録して情報を得る方法もあります。待ちの姿勢であっても最低限の情報は入手することができます。

　ただし、情報を受け取って、事業場の安全衛生管理に活かさなければならない情報なのかの判断は衛生管理者等が行うことになります。このために、得た情報をよく理解しなければならないことは言うまでもありません。読んで理解できないことは、関連の説明会・研修会に参加したり、関係先に確認したりすることが必要です。

(2) 最新情報にアクセスする

　安全衛生管理を向上させるためには、自ら積極的に幅広く情報を得て、必要な情報を見極めて活かしていくことが必要です。

　安全衛生関係では、厚生労働省のホームページは非常に充実していますので、随時確認するといいと思います。法令改正や指針などのほか、厚生労働省の安全衛生関係の審議会や研究会等での検討内容などが原則として公表されています。常設の労働政策審議会、安全衛生分科会、じん肺部会のほか、必要に応じて開催される検討会等では、化学物質管理、定期健康診断、メンタルヘルス、産業医制度、安全衛生保護具など安全衛生管理に関連した事項の検討が行われており、検討の経過を知ることができます。すべてに目を通すことは現実的ではないと思いますが、事業場に関係の深いことや興味のあることについて見ておくと、事業場の安全衛生管理に活かすことができます。

　この他、中災防（安全衛生情報センターを含む）や建災防などの災防団体のホームページなど、アクセスして情報を入手できるサイトは非常にたくさんあります。必要に応じて、自分のパソコンの「お気に入り」に登録しておいて、随時確認するようにするといいと思います。

　なお、筆者は、新聞（いわゆる一般紙）を読むことも幅広い視点から安全衛生管理を考える上で欠かせないと考えています。インターネットの検索サイトなどに掲載されるニュースも最新の情報をかい摘まんで知るには便利ですが、あくまでも限られたヘッドラインを元に情報を得ることになります。新聞のように多様な情報が掲載されている中から、自分で必要な情報を拾い上げることが大切だ

と思います。健康管理に関する情報や事故のニュースもよく掲載されています。読むだけでなく、切り抜きをすることで、新聞情報が頭に残って、活かすことができるとも思っています。

(3) 法令等を確認する

既存の法令等の規定は、法令集で確認することが一番いいと思います。できれば、解釈例規などの行政通達も一緒に確認できると、より理解が深まります。

インターネットでは、総務省の「e-Gov法令検索」が使い勝手がいいと思います。法令名や法令用語での検索ができます。厚生労働省関係の「法令等データベースサービス」も過去の重要通知（通達）なども限定的ですが確認できます。ただし、全貌がわからずに、ピンポイントで法令等を検索して活用することはむずかしいことがあります。例えば「特別教育」と「特別の教育」では検索結果は変わりますし、「特殊健康診断」で検索しても該当データなしとなります。

衛生管理者の資格を取る時に法令は勉強していると思いますが、関係する法令（労働安全衛生法、関連政省令など）については、日頃からこまめに確認して全体の理解を深めておくといいでしょう。

(4) 安全衛生管理の知識を深める

安全衛生管理の取り組み方や用語の確認、統計データなども、とりあえずはインターネットを活用して確認することができます。厚生労働省の「職場のあんぜんサイト」も便利です。

ただし、インターネット情報に基づいての判断だけでは不十分な面があります。出版物を読み込んだり、説明会・研修会等に参加す

ることも必要です。

　安全衛生関係の研修会などにも積極的に参加しましょう。視野を広げることにつながります。研修会は、中災防の本部・地区センターが主催するもの、中災防の教育センター（東京、大阪）で開催されるものを代表格として、災防団体や都道府県労働基準協会連合会・地域労働基準協会での研修などもあります。安全衛生関係機関の研修もありますし、民間団体が開催するものもあります。

　中災防が主催する全国産業安全衛生大会を筆頭に、事例発表や講演が行われる災防団体や安全衛生関係機関主催の大会がいろいろとありますので可能な範囲で参加しましょう。さらに、専門的だといった面はありますが、学会（日本産業衛生学会、日本労働衛生学会、日本人間工学会など）も会員以外でも参加できるものがあります。安全衛生管理を深く考えるためにとても役に立ちます。

　他の事業場や安全衛生関係者の取り組み・経験や考え方、学問的な成果などを学ぶことは、自分自身を磨くことにつながります。例え、受け入れられないような考え方であっても、それを知ることで自分自身の考えを整理することができます。

　安全衛生関係の資格を取得することも、テキストなどを読み込むことにつながりますし、事業場内での「資格者の活用」についてのヒントも得られます。例えば、「作業主任者にその職務を確実に実施させる方策」を考える時に、作業主任者がどのような教習で資格を取得しているのかを知っておくことは役に立ちます。

(5)　情報を見極める

　法令等を含めて、安全衛生管理の情報（考え方や知見等）に関しては、事業場に当てはめて、その意味をよく考えてみることが大切

です。業種によっても、事業場の従業員構成によっても、事業場の規模によっても、時代によっても最適なことは違いますし、当てはまらないこともあります。事業場の状況や自分の考えによく照らし合わせて情報を理解し、活用するようにしてください。

統計データについても、母集団の対象範囲の違いや分布によって意味が異なってきます。例えば、健康管理に関する国民のデータと事業場の従業員のデータでは、対象としている人の年齢構成も違いますし、就業状況も違いますので、単純に比較はできません。統計データを事業場に当てはめて、利用する時は、その意味を十分に考えてからにすることが必要です。

(6) 衛生管理者となった人に推薦する出版物

衛生管理者になって一番先に目を通してもらいたい出版物は「労働衛生のしおり」(中災防から毎年8月頃に出版される)です。その時点での、国内の衛生管理の課題について俯瞰することができます。事業場と直接関係ないと思うこともあると思いますが、国内の衛生管理の動向を知ることが、時宜にかなった衛生管理につながります。

このほか、中災防の定期刊行物は安全衛生管理全般にわたっての最新の情報、企業の取り組み事例紹介、安全衛生管理の考え方等の専門家の解説などが掲載されています。読んでいるという衛生管理者が大半だと思いますが、ある意味で安全衛生関係情報の宝庫です。目を通すレベルではなく、「事業場に活かすことがあるのではないか」という気持ちを持って、読み込むことが衛生管理者の財産になります。もう少し視野を広げて、「働く」ということをベースに安全衛生管理について考えるためには「労働の科学」(公益財団法人

大原記念労働科学研究所、筆者はこの研究所の特別研究員）を薦めます。

　安全衛生関係団体の機関紙・広報誌など（会員限定に配布されるものも多い）からもそれぞれの関わる分野を中心に、安全衛生関係で必要な知識・情報を得ることができます。日本作業環境測定協会、日本労働安全衛生コンサルタント会、全国労働衛生団体連合会などがあります。民間の出版社から定期刊行されている安全衛生関係の雑誌もあります。健康管理の関係でもさまざまな定期刊行誌があります。

　単行本も読んでおきたいと思います。足元の課題への対応に関するものだけでなく、関連の知識を幅広く持つことが、より的確な安全衛生管理につながります。安全衛生分野の本として出版されていなくても、例えば、健康、メンタルヘルス、教育ノウハウ、経営・マネジメント、人間工学、ヒューマンエラー、感染症などがあります。

　なお、出版物を読む時も、無批判に読むということではなく、書いてあることが「正しいか」「事業場にとって役に立つか」「自分ならこう考える」という読み方をすると、情報をうまく活かすことができるでしょう。

表Ⅲ－11　安全衛生関連の代表的定期刊行物

発行元	名称	備考
中央労働災害防止協会	安全と健康	月刊
	安全衛生のひろば	月刊
	心とからだのオアシス	季刊
公益財団法人産業医学振興財団	産業医学ジャーナル	隔月刊
公益財団法人大原記念労働科学研究所	労働の科学	月刊
株式会社労働調査会	労働安全衛生広報	月2回発行
株式会社労働新聞社	安全スタッフ	月2回発行

Ⅲ　衛生管理業務を充実させる

3. 情報の入手と自己研さん

表Ⅲ-12　衛生管理者にお薦めする出版物

発行元	名称	備考
中央労働災害防止協会 （詳細は巻末資料参照）	衛生管理（上）、（下） ―第1種用―	毎年2月頃発行
	安全衛生法令要覧	毎年3月頃発行
	労働衛生のしおり	毎年8月頃発行
	安全の指標	毎年5月頃発行
	衛生管理者のためのリスクアセスメント	
	ストレスチェック制度　担当者必携	
	皮膚からの吸収・ばく露を防ぐ！	
	新　やさしい局排設計教室	
	熱中症を防ごう　熱中症予防対策の基本	
	新入者安全衛生テキスト	別に「指導のポイント」あり
	5カ国語対訳単語帳　安全衛生パスポート	
	衛生管理者の実務　能力向上教育用テキスト	
公益財団法人日本作業環境測定協会	作業環境測定ガイドブック0-6	0は総論編
	労働衛生工学とリスクマネジメント	
公益財団法人産業医学振興財団	職場における感染症対策	
公益財団法人大原記念労働科学研究所	産業安全保健ハンドブック	百科事典的ハンドブック
	メンタルヘルスに役立つ職場ドック	
	人間工学チェックポイント	
	シフトワーク・チャレンジ	夜勤・交替勤務検定テキスト
株式会社労働調査会	安衛法便覧	毎年8月頃発行

・出版物の詳細な内容は、出版元に問い合わせるか、出版元のホームページで確かめてください。
・表に記載している以外にも安全衛生関係、人間工学関係の出版物は多数あります。

4. 社外安全衛生関係機関との関係

　法令に基づく管理を的確に行うためには、前述のとおり、行政機関を始めとする関係先から情報を得たり、指導を受けたりすることが必要です。また、安全衛生管理は、対象とする範囲が広く、専門性の高いこともありますので、衛生管理者個人や事業場内の安全衛生部門だけの力で対応することは大変です。社外専門機関の力もうまく借りて、より的確な安全衛生管理につなげてください。

(1)　行政機関

　労働安全衛生に関する行政機関は、厚生労働省関係の機関になります。担当する業務の範囲によっては、この他に、都道府県庁などの自治体や保健所、消防署などと関係する業務があると思いますが、この章では触れません。

　厚生労働省の安全衛生関係の組織を大ざっぱに整理すると次頁のようになります。

　事業場の衛生管理を行う時に、最も関係の深い行政機関は地元の労働基準監督署（法令では所轄労働基準監督署）となります。法令に基づく申請（免許交付申請、規則一部適用除外認定申請、特例許可申請など）、届出（計画の届出、土壌汚染除去作業届、石綿関連の建築物解体等作業届など）、報告（衛生管理者等の選任報告、健康診断結果報告、心理的負荷の検査（ストレスチェック）結果報告、有害物ばく露作業報告、事故報告、労働者死傷病報告など）などの提出先としても労働基準監督署は身近な存在です。労働基準監督署

というと、監督権限があって、取り締まりを行うところとの印象が強い人もいますが、法令に基づく安全衛生管理を進める上でわからないことなどをいろいろと教えてもらう（対応の相談に乗ってもらう）こともできます。なお、じん肺健康診断の関係などで都道府県労働局が所管になっている事項もあります。必要な場合は関係する法令を確認してください。

厚生労働省（本省）
　　　厚生労働大臣、労働基準局、安全衛生部、計画課、
　　　安全課、労働衛生課、化学物質対策課ほか

都道府県労働局（都道府県単位）
　　　労働局長、監督課、健康安全課（安全課、健康課）ほか

労働基準監督署（地域毎）
〔東京や大阪の労働局管内には10を超える労働基準監督署がある〕

　　　労働基準監督署長、○○方面、安全衛生課ほか
　　　労働基準監督官：労働安全衛生法の施行が職務、立入検査
　　　　　　　　　　　などの権限もあり、労働安全衛生法違反
　　　　　　　　　　　に関しては刑事訴訟法の司法警察員とし
　　　　　　　　　　　て職務権限もある
　　　労働衛生専門官：労働安全衛生法に基づく調査、指示、指
　　　　　　　　　　　導、援助などの職務を行う

(2) 労働災害防止団体（災防団体）

　労働災害防止団体（災防団体と略称されることが多い）は、法律（労働災害防止団体法）に基づいて、「労働災害の防止を目的とする事業主の団体の自主的な活動を促進して労働災害の防止に寄与する」ために組織された団体です。中央労働災害防止協会（中災防）をはじめ、建設業労働災害防止協会（建災防）、陸上貨物運送事業労働災害防止協会（陸災防）、林業・木材製造業労働災害防止協会（林災防）、港湾貨物運送事業労働災害防止協会（港湾災防）があります。組織や活動の詳細は、それぞれのホームページで確認してください。

　Ⅲ編－3でも触れましたが、中災防は、本部と地方毎にサービスセンターがあってセミナー・教育や事業場の支援などを行っています。東京と大阪の安全衛生教育センターには、受講者宿泊施設もあり、法令に基づく教育のインストラクター教育などの法令に基づく教育を中心に幅広い安全衛生関連教育を行っています。

　中災防の主な事業は、企業内スタッフの安全衛生教育／月刊誌および図書・用品等の販売／企業に対する技術的指導／企業が行う健康づくり活動の支援／快適職場の形成促進／安全衛生分野での国際協力／安全衛生情報の提供／安全衛生に関する調査研究活動／作業環境測定・分析、化学物質の有害性調査などです。このほか、中小企業の安全衛生管理支援に関する業務や労働安全衛生マネジメントシステム、化学物質リスクアセスメント、ストレスチェックの関連業務も行っています。衛生工学衛生管理者の免許取得講習についても、長年登録講習機関として教育を行ってきました。

　災防団体は、衛生管理者がいろいろな面で支援を受けられる組織です。事業の内容を確認して活用してください。

(3) 産業保健総合支援センター・地域産業保健センター

　独立行政法人労働者健康安全機構が実施主体となり、地域の医師会などの協力を得て、産業医、産業看護職、衛生管理者等の産業保健関係者を支援するとともに、事業主等に対し職場の健康管理への啓発を行うことを目的として、全国47都道府県に産業保健総合支援センター（産保センター）が設置され、表Ⅲ－13に記載した事業を行っています。労働衛生（工学）に関しても相談に応じてくれますので、必要な時は活用してください。
　さらに地域毎（概ね労働基準監督署単位）に地域産業保健センターが設置され、労働者数50人未満の小規模事業場の事業者や労働者に対して、原則として無料で表Ⅲ－14に記載した事業を行っています。

表Ⅲ－13　産業保健総合支援センターの主な業務…詳細はホームページで確認してください
- 専門スタッフによる窓口相談・実施相談（メールや電話でも可能）
- 産業保健関係者対象の専門的かつ実践的な研修
- 情報の提供（メールマガジン、ホームページ等）や産業保健に関する図書・教材の閲覧等
- 広報・啓発（事業主、労務管理担当者等対象の職場の健康問題に関するセミナーの実施等）

表Ⅲ-14　　地域産業保健センターの業務の例…小規模事業場対象
・長時間労働者への医師による面接指導の相談
・健康相談窓口の開設
・個別訪問による産業保健指導の実施
・産業保健情報の提供

⑷　安全衛生関係機関・団体

　多くの事業場は、労働基準協会の会員になり、教育等で利用しているのではないかと思います。概ね労働基準監督署単位に労働基準協会があり、都道府県単位（都道府県労働局単位と言ってもいいかもしれません）に労働基準（協会）連合会があります。「労働基準法や労働安全衛生法などの労働関係法令の普及」、「労働安全衛生と労働条件の向上」、「産業の健全な発展と労働者の福祉の向上」に貢献することなどを目的して設立されています。

　協会毎に事業内容に違いはありますが、技能講習や特別教育等安全衛生関連の教育、法改正などがあればその説明会の開催、全国安全週間・全国労働衛生週間などでの行事で、衛生管理者の業務との深いつながりがあります。安全衛生管理に関しても相談に乗ってくれるところが多いと思います。

　このほか、衛生管理関係では、日本労働安全衛生コンサルタント会、日本作業環境測定協会、全国労働衛生団体連合会（主として健診機関が会員）などがあり、それぞれの分野での対応を相談することができます。

(5) 嘱託産業医・医師

　事業場に専属の産業医がいる場合を除き、産業医を嘱託で契約していることが多いと思います。このような場合に、衛生管理者は事業場と産業医を結ぶ役割を果たすことになります。
　Ⅰ編－4で詳述しましたが、医師は専門性が高く豊富な知識を持った人ですので、大いに活用するという姿勢が必要です。一方、職場の衛生管理状態を含めた実態を知っている衛生管理者の立場で、産業医と接することが大切です。わからないことがあれば遠慮なく聞く、違和感のあることに対しては意見を言うなどです。従業員の健康について一緒に支えてくれる存在と考えるといいでしょう。
　なお、安全衛生委員会や産業医巡視の調整、作業環境測定結果の報告などの直接衛生管理に関することだけでなく、事業場の大きな動きなどがあった時には、嘱託産業医にもその状況を伝えておきましょう。安全衛生委員会や産業医巡視などでも、産業医として的を射た発言をしてもらえるようにサポートすることも衛生管理者の役割でしょう。
　長時間労働やストレスチェックの関連で面接指導を産業医以外の医師に依頼する場合があると思いますが、基本的に、上述の嘱託産業医と同じように接することになります。ただし、臨床医（病院や診療所の医師）は、日頃は、病気があったり自覚症状があったりして医療機関に出向いてきた人＝患者を対象に診察や治療を行っていますので、企業での従業員への対応の仕方に戸惑うこともあると思います。産業医や衛生管理者が、コンタクトを取り、従業員の健康に資する面接指導となるようにサポートしていくことも必要です。

⑹　健康診断実施機関（健診機関）

　健康診断は、外部の健康診断実施機関（健診機関）に依頼することが多くなっています。健康診断は従業員の健康管理に欠かせないものですし、その結果は個々の従業員や事業場の健康管理の取り組みへの影響は小さくありません。精度管理がしっかりできる健診機関を選んでください。事業場の健康管理を担当する衛生管理者は、少なくとも健康診断実施時には、立ち会って（健康診断受診者としても）適切に健康診断が実施されていることを確認しましょう。特に、問診として行われる自覚症状や他覚症状の検査などには、健診機関の特徴が出ます。

　健康診断結果の説明は、健康管理を担当する衛生管理者として健診機関からしっかり聞いておきましょう。個々の従業員に関しては就業上の措置に結び付ける必要があるかもしれません。さらに事業場全体の状況（傾向など）について、解析したデータを出してもらい、その意味についての説明も聞いておきましょう。

　健康診断結果の判定基準や判定区分は、健診機関によって異なることがあります。関係する様式（個人票等）も異なります。継続的に健康管理に活かすという目的の健康診断ですので、混乱の無いようにする必要があります。判定基準などが変われば、健康診断結果を受け取った従業員も戸惑うことになります。特段問題がなければ、継続して同じ健診機関を利用して、事業場に合った健康診断の進め方をしてもらいたいものです。また、結果報告書には多くの場合、精密検査受診勧奨や生活指導についての記載がされていますが、その内容・表現（パターン化されている文章）は、結果を見た従業員の健康管理に直結しますので、適切かどうかよく確認しておきま

しょう。

　なお、健康診断での検査項目は多ければいいということではありません。健診機関が薦める追加検査などもあると思いますが、よく検討して決める必要があります。法令で決まっている項目以外の検査を実施する場合は、受診者としての従業員の了解も必要です。検査項目の変更時には、少なくとも安全衛生委員会に付議するとともに、労働組合（従業員代表）にも説明しておくことになります。

　いずれにしろ、健康診断については、産業医とよく相談しながら対応することが大切です。

(7) ストレスチェック実施機関

　ストレスチェックを外部の機関に依頼する場合、調査項目、本人への調査結果の通知内容（様式、文章表現など）、職場毎のストレス状況の解析（集団の分析）結果をよく確認しておきましょう。

　チェックの調査項目は、その内容と表現の仕方で回答の仕方が変わり、結果も変わってきます。特に、厚生労働省で提示されている標準的な内容とは異なる調査項目にしたり、追加したりする場合は、適切な内容なのかの判断が必要です。必要に応じて、変更することがあってもいいと思います。

　調査結果についても、その文章表現（パターン化されている文章）などを従業員がどのように受け止めるのかを考えて、よく確認しておきましょう。不適切だと思わる場合は、産業医や事業場関係者と相談して、変更を求めることも必要になります。

(8) 作業環境測定機関

　作業環境測定には精度が必要です。できれば、日本作業環境測定協会の総合精度管理事業に参加している作業環境測定機関（測定機関）を利用してください。また、測定機関がどのようなところで分析をしているのかについても、機会を作って訪問して確かめておくことも委託者として必要だと思います。なお、測定機関は、保有する分析機器等によって、測定可能な対象が決まっていますので、頭に置いておいてください。
　このほか、測定機関との関連で留意したいことについて、Ⅱ編－4に詳述していますので、確認してください。

(9) 安全衛生コンサルタント

　労働（安全）衛生コンサルタントは、「労働（安全）衛生コンサルタントの名称を用いて報酬を得て、労働者の（安全）衛生の水準の向上を図るため、事業場の（安全）衛生についての診断及びこれに基づく指導を行う」ことを業とする専門家です。事業場として、労働衛生コンサルタントに、事業場の衛生管理について診断してもらったり、教育を依頼したり、労働安全衛生マネジメントシステムの監査を依頼したりすることができます。どのようなことが依頼できるのかについては、日本労働安全衛生コンサルタント会のホームページなどで確認してください。それぞれのコンサルタントの得意分野を活かせるような依頼ができるといいと思います。

⑽　大学、研究機関

　直接関わりがあることは少ないかもしれませんが、産業医科大学（産業医大、産医大）や独立行政法人労働者健康安全機構労働安全衛生研究所（安衛研）は衛生管理に関わりが深い大学・研究機関です。産業医大では、産業医向けのセミナーや公開講座が開催されたり、安衛研では一般公開が行われるほか研究成果が公表されたりしています。ホームページなどを確認してみてください。

　なお、これらの機関のほか、医学部や看護系学部の中には、疾病予防、健康や衛生関連の教室・研究科などがありますし、産業保健学部、医療衛生学部、健康科学部、社会安全学部など、「健康」「衛生」「安全」を冠した学部を持つ大学もあります。研究や公開講座などを活用できることもあります。

　また、筆者と関係の深い公益財団法人大原記念労働科学研究所も、約100年の歴史がある労働安全衛生関連研究所の草分けです。人間工学分野、メンタルヘルス関連、安全マネジメント関連、疲労や労働負荷関連などの調査研究や職場改善支援などの事業のほか、研修や講師派遣なども行っています。必要に応じて活用してください。

あとがき
——衛生管理者として充実した時間を

　最後に衛生管理の業務を担当することに関する筆者の思いを、本文と重なることもありますが、紹介します。衛生管理者のみなさんが業務に取り組む時の参考にしてもらえればと思います。

　衛生管理に掛けるコスト（人件費や負担を含めたインプット）と効果（アウトプット）を考えるようにしておくといいと思います。簡単に言うと、経営の視点です。アウトプットは金銭的なことに限りません。従業員が健康に生き生きと働けるようにすることの価値は簡単には測れませんが、主要なアウトプットの一つです。衛生管理を通して、いい会社（事業場）との評価を得ることになれば、信頼を生み事業の発展にも寄与するでしょう。まえがきや本文中にも書きましたが、衛生管理は直ぐに効果が見えることが少ないためにむずかしい面もあります。展望を持ってインプットに見合う、あるいはそれ以上のアウトプットを出すということを意識しておいてもらうといいと思います。

　安全衛生管理はともすると「権威」に頼りがちです。事業場内では法令などに基づいて作業を監視する立場のように思われていないでしょうか。「権威」に頼った理由だけで何かをしようとしても、受け止める側（従業員）は表面的な対応になってしまうことにもなります。受け止める側が、合理的で取り組む意義を感じることでなければ、成果に結び付きにくいと思います。安全衛生管理は、推進する人自身（衛生管理者など）が責任を持って企画し、推進するこ

とが大切です。法令は、日本全体を見て必要だと判断されたことが規定されますが、個々の事業場単位で考えれば、必ずしも最適ではなく、過剰なことも過少なこともあるということが現実だと思います。法令を根拠にする取り組みは、法令を「活かして」事業場を良くするという視点が必要でしょう。また、もちろん「社長（事業所長）もやろうと言ってくれている」ということを後押しにして取り組むことも大切にしてください。社長や事業所長などトップの判断が会社・事業場を動かします。社長や事業所長の支えも得て、衛生管理者として衛生管理に取り組めるようにしたいと思います。

　健康管理に関わることは、産業医や医師などの医療専門家と事業場関係者との間に入って苦労することもあるかもしれません。医療専門家に近い立場にいるということは、苦労がある反面、とても力強い存在が身近にいると言うことができます。衛生管理者が一人で奮闘するのではなく、関係者と一緒に事業場の衛生管理向上に取り組んで欲しいと思います。

　働く人たちの意識も時代と共に変わりますし、「当たり前」としていることも変わります。意識の変化だけでなく、安全衛生管理に求められることにも変化があるかもしれません。安全衛生管理に使えるツールも変わってきています。さまざまな生産技術や取り扱う設備・装置・化学物質などの変化に加えて、AI、Iot、高機能センサー、医療技術などの開発や進化に伴う変化も大きいと思います。物と人の関わり方にも変化があると思います。人と人のコミュニケーションの考え方も変わっていくかもしれません。このような変化に関しても、より的確で時代にあった衛生管理を志向することが大切です。一方、どのような状況になっても、従業員が「価値を創造する」こ

とに変わりはありません。経営にとっての安全衛生管理の位置付けは、上がることはあっても、下がることはないでしょう。従業員にとっての安全衛生管理の意義も同じです。

　筆者は、冒頭の自己紹介にも書きましたが、会社に入社して、たまたま安全衛生部門に配属になって衛生管理の仕事を担当することになり、結果として40年以上安全衛生関係の仕事をすることになりました。安全衛生管理の分野が非常に広いこともあり、筆者が個々の分野の専門家になることができない中で、同僚や関係部門の人たちの力に頼った仕事だったと思っています。敢えて言うならば、課題を捉えて、対応の方向性を見出して、実行に結び付けるといったところに「専門性」があったかもしれません。このような中で得た結論は、「安全衛生管理の取り組みは、会社を変えていく」影響力の大きな仕事だということです。読者のみなさんの取り組みが、経営と従業員の信頼を得て、職場の安全衛生管理の水準を上げ、そして、みなさんがやりがいを感じながら衛生管理者として充実した時間を送ってもらえることを願っています。

衛生管理者にお薦めする図書リスト（中央労働災害防止協会）

〈衛生管理者受験用〉

衛生管理（上）、（下）―第1種用―　上下巻とも毎年2月頃発行　各2,160円

〈内容〉衛生管理者免許試験の受験用テキスト。試験合格後は実務書としても活用できる。上巻は、衛生管理者が日常の衛生管理業務において活用できるよう、新たな知見や実務的な知識等も加え編集。下巻は衛生管理者にとって必要な法令・通達に関する最新の情報を網羅。
〈目次〉（上）衛生管理体制／作業環境要素／職業性疾病／作業環境管理／作業管理／健康管理／健康保持増進対策とメンタルヘルス対策／労働衛生教育／労働衛生管理統計／救急処置／労働生理　（下）労働安全衛生法関係法令／労働基準法

〈法規関係・統計・資料〉

安全衛生法令要覧　毎年3月頃発行　6,480円

〈内容〉多数の安全衛生関係法令を収録した実務に役立つハンディーな法令集。事業場の安全衛生担当者が使いやすい法令集という視点で編集。
〈目次〉労働安全衛生法、労働安全衛生規則、ボイラー則、クレーン則、有機則、特化則、労働基準法など

労働衛生のしおり　毎年8月頃発行　648円

〈内容〉全国労働衛生週間実施要綱、最近の労働衛生対策の展開を解説。さらに業務上疾病の発生状況などの統計データ、関係法令、主要行政通達など職場で役立つ資料を豊富に掲載。
〈目次〉労働衛生の現況／最近の労働衛生対策の展開／労働衛生関係法令・指針・通達等／その他の法令・通達等／主な職業性疾病発生事例

安全の指標　毎年5月頃発行　702円

〈内容〉全国安全週間実施要綱をはじめ、職場で役立つ資料を豊富に収録。
〈目次〉労働災害の現況／労働災害防止対策の基本／各分野ごとの労働災害防止対策／災害事例／安全に関する主要指針・通達等／資料

〈リスクアセスメント〉

衛生管理者のためのリスクアセスメント　1,080円

〈内容〉衛生管理者が中心となって労働衛生面のリスクアセスメントを容易に進められるよう、その手法をわかりやすく解説。リスクアセスメントの具体的な実施方法のほか、VDT作業のチェックリストも収録。先取り型の労働衛生管理を目指す衛生管理者に必携の1冊。
〈目次〉化学物質と粉じん／騒音／暑熱／電離放射線／チェックリストによるVDT作業の評価／参考資料

〈ストレスチェック〉

**ストレスチェック制度　担当者必携―より良い効果を上げるために―
河野慶三監修　1,512円**

〈内容〉義務化されたストレスチェック制度の実施にあたり、成否のカギを握る「ストレスチェック制度担当者」が知っておくべき、知識、ノウハウ（健康づくり活動の中での制度の位置づけの明確化や、推進計画の作成、対象者への事前の丁寧な説明・フォローなど）について解説する。参考資料として、厚生労働省のストレスチェック制度実施マニュアル全文、ストレスチェック制度関係Q&Aを収録。
〈目次〉ストレスチェック制度の目的と概要／ストレスチェック制度　導入に関する準備／ストレスチック制度の実施準備と実施時の留意事項／医師による面接指導とその結果にもとづく事後措置／ストレスチェック結果の教育への活用／付録

〈保護具〉

皮膚からの吸収・ばく露を防ぐ！―オルト-トルイジンばく露による膀胱がん発生から学ぶ―　田中茂著　　540円

〈内容〉化学物質の皮膚からの吸収によるばく露のメカニズムや、防護のために推奨される保護具を、保護具研究の第一人者である著者がやさしく解説。経皮ばく露を防ぐための、耐透過時間を踏まえた化学物質ごとの推奨保護具一覧や災害事例も収録。

〈局所排気装置〉

新　やさしい局排設計教室　―作業環境改善技術と換気の知識―　沼野雄志著　4,320円

〈内容〉作業環境の管理上、発生源対策として重視されている局所排気装置の設計・保守・届出などについて、筆者の多年の経験をもとに、そのノウハウも交え、だれにでも理解できるよう解説。

〈熱中症対策〉

熱中症を防ごう　～熱中症予防対策の基本～　堀江正知著　1,404円

〈内容〉働く現場の暑熱環境は厳しさを増し、熱中症のリスクが高まっている。熱中症を防ぐため、その危険性、発生原因、症状、予防方法、救急措置等の基本的かつ必須の知識や技術について熱中症予防の第一人者、産業医科大学の堀江正知教授が解説。
〈目次〉熱中症とは／熱中症の統計／暑さへの身体反応／熱中症の発生／熱中症の原因／熱中症のリスクアセスメント／熱中症の予防／熱中症の予防事例／日常生活における熱中症の予防／熱中症予防の法令／付録　熱中症予防に関する行政情報

〈雇入れ時教育〉

新入者安全衛生テキスト　　864円

〈内容〉はじめて職場に入る新入者に、安全と健康を守るために心がけてもらわなければならない「安全衛生の基本」をまとめたテキスト。やさしくコンパクトに学べる安全衛生の基礎知識。
〈目次〉安全につながる仕事の基本／職場の安全衛生管理／安全な仕事の基本／安全な仕事の進め方／安全で快適な環境のために／日常生活でも気を付けよう／健康に過ごす

「新入者安全衛生テキスト」指導のポイント～新入者教育を充実させるために～　1,620円

〈内容〉新入者の安全衛生教育を行う指導者に向けて編さん。上記「新入者安全衛生テキスト」に対応し、安全衛生の基本事項のそれぞれについて、教え込む要点や理解度を確認するための質問の例などを詳解。

5カ国語対訳単語帳　安全衛生パスポート　　540円

〈内容〉複数言語の労働者がともに働く職場向けの対訳単語帳。「安全帯着用」「はさまれ・巻き込まれ」など、現場の表示標識や安全衛生教育で使われる用語100語を、ひらがな・ローマ字と5カ国語（英語、中国語、ベトナム語、ポルトガル語、ネパール語）で紹介。

〈能力向上〉

衛生管理者の実務―能力向上教育用テキスト―　　2,484円

〈内容〉衛生管理者の資質の向上を目的とした能力向上教育用テキストとして編纂。リスクアセスメントやメンタルヘルスに関する解説も充実。
〈目次〉労働衛生管理の現況／労働衛生管理の機能と構造／作業環境管理／作業管理／健康管理／労働衛生教育／主要な労働衛生対策／実務研究／災害事例および関係法令／資料

ほかにも、読み物や小冊子などいろいろあります。
中災防ホームページ(https://www.jisha.or.jp/order/tosho/)にてご確認ください。
情報は、平成29年7月現在。

<参考引用文献>

- 福成雄三：もう一度考えてみよう安全衛生水準向上の要諦②企画する、安全と健康68（2）、P36～P38、中央労働災害防止協会（2017）
- 福成雄三：もう一度考えてみよう安全衛生水準向上の要諦④現場を見る、安全と健康68（4）、P49～P51、中央労働災害防止協会（2017）
- 福成雄三：もう一度考えてみよう安全衛生水準向上の要諦⑤教訓を活かす、安全と健康68（5）、P49～P51、中央労働災害防止協会（2017）
- 福成雄三：もう一度考えてみよう安全衛生水準向上の要諦⑥健康管理に関わる、安全と健康68（6）、P34～P36、中央労働災害防止協会（2017）
- 福成雄三：もう一度考えてみよう安全衛生水準向上の要諦⑦人間中心に考える、安全と健康68（7）、P34～P36、中央労働災害防止協会（2017）
- 福成雄三：安全衛生教育の実効を上げるために、労働の科学71（8）、P452～P455、大原記念労働科学研究所（2016）
- 福成雄三：凡夫の安全衛生記⑦「プロを感じて」空気呼吸器の使用と点検、労働の科学72（4）、P238～P239、大原記念労働科学研究所（2017）
- 新入者安全衛生テキスト（執筆：福成雄三）、P66、P138、中央労働災害防止協会（2017）
- その他厚生労働省ホームページなど行政機関・公的機関の資料

福成 雄三（ふくなり ゆうぞう）

（公財）大原記念労働科学研究所特別研究員
労働安全コンサルタント（化学）
労働衛生コンサルタント（労働衛生工学）
日本人間工学会認定人間工学専門家

1976年住友金属工業㈱（現：新日鐵住金㈱）に入社。以後、安全衛生関係業務に従事。日鉄住金マネジメント㈱社長を経て、2016年6月まで中央労働災害防止協会教育推進部審議役。

今日から安全衛生担当シリーズ
衛生管理者の仕事

平成29年7月28日	第1版第1刷発行
令和元年7月19日	第2刷発行

著　者	福成雄三
発行者	三田村憲明
発行所	中央労働災害防止協会
	〒108-0023
	東京都港区芝浦3丁目17番12号　吾妻ビル9階
	電　話（販売）03-3452-6401
	（編集）03-3452-6209
イラスト	まつしまデザインブース
カバーデザイン	ア・ロゥデザイン
印刷・製本	株式会社丸井工文社

落丁・乱丁本はお取替えいたします。　　　　　©Yuzo Fukunari 2017
ISBN978-4-8059-1760-2　C3060
中災防ホームページ　https://www.jisha.or.jp

本書の内容は著作権法によって保護されています。本書の全部または一部を複写（コピー）、複製、転載すること（電子媒体への加工を含む）を禁じます。